Baronne Orczy

LE MOURON Rouge
Un chevalier insaisissable

raconté par **Sarah Guilmault**

Rédaction : Domitille Hatuel, Cristina Spano
Conception graphique : Nadia Maestri
Mise en page : Sara Blasigh
Illustrations : Alfredo Belli
Recherches iconographiques : Laura Lagomarsino

Crédits photographiques : page 5 : © Hulton – Deutsch Collection / CONTRASTO ; pages 16, 38-39 : © Gianni Dagli Orti / CONTRASTO ; page 17 : Mary Evans Picture Library ; page 35 : © Robert Holmes / CONTRASTO ; page 36 : The Granger Collection, New York ; page 59 : Giraudon / Bridgeman Art Library ; page 61 : © Leonard de Selva / CONTRASTO.

© Sara Orczy-Barstow Brown

© 2004 Cideb

Première édition : septembre 2004

Tous droits réservés. Toute représentation ou reproduction intégrale ou partielle de la présente publication ne peut se faire sans le consentement de l'éditeur.

L'éditeur reste à la disposition des ayants droit qui n'ont pu être joints, malgré tous ses efforts, pour d'éventuelles omissions involontaires et/ou inexactitudes d'attribution dans les références.

Vous trouverez sur le site blackcat-cideb.com (espace étudiants et enseignants) les liens et adresses Internet utiles pour compléter les dossiers et les projets abordés dans le livre.

Pour toute suggestion ou information la rédaction peut être contactée à l'adresse suivante :
info@blackcat-cideb.com

ISBN 978-88-530-0237-2 livre + CD

Imprimé en Italie par Litoprint, Gênes

Sommaire

La vie de la Baronne Orczy — 5
Les personnages principaux — 7

CHAPITRE 1 — DES ARISTOCRATES À LA GUILLOTINE — 8
ACTIVITÉS — 13
Les sans-culottes — 16

CHAPITRE 2 — C'EST SIGNÉ LE MOURON ROUGE — 18
ACTIVITÉS — 22

CHAPITRE 3 — LA BELLE MARGOT — 26
ACTIVITÉS — 32
La Révolution en questions — 35
PROJET INTERNET — 42

CHAPITRE 4 — UN TERRIBLE CHANTAGE — 43
ACTIVITÉS — 47

CHAPITRE 5 — LE BAL DE SIR GRENVILLE — 51
ACTIVITES — 56
La Révolution en questions (suite) — 59

CHAPITRE 6 — LA PROMESSE — 64
ACTIVITÉS — 69

CHAPITRE **7**	LE SECRET DU MOURON ROUGE	73
	ACTIVITÉS	78
	PROJET **INTERNET**	82
CHAPITRE **8**	MARGOT PASSE À L'ACTION	83
	ACTIVITÉS	87
CHAPITRE **9**	LE PIÈGE SE REFERME	90
	ACTIVITÉS	94
CHAPITRE **10**	SACRÉ MOURON ROUGE !	99
	ACTIVITÉS	107
	TEST FINAL	111

Le texte est intégralement enregistré.

Ce symbole indique les exercices d'écoute et le numéro de la piste.

Les exercices qui présentent cette mention préparent aux compétences requises pour l'examen.

La Baronne Orczy, 1928.

La vie de la
Baronne Orczy

La Baronne Orczy est née le 23 septembre 1865 en Hongrie. Après avoir vécu à Bruxelles et à Paris, elle se tourne vers l'Angleterre. À Londres, elle suit des cours de peinture et un peu plus tard, en 1894, elle épouse un peintre.
Puis commence sa carrière littéraire. Elle décide d'exploiter la popularité de Sherlock Holmes pour écrire ses premiers romans policiers. C'est ainsi qu'elle fait publier *Le Vieil Homme dans le coin* (Old man in the Corner), l'un des romans policiers les plus populaires du début du XXe siècle. Vingt-huit aventures sont publiées entre 1901 et 1904. En janvier 1905, la Baronne fait monter sur les planches d'un théâtre londonien le personnage

auquel elle doit sa notoriété et sa fortune : le Mouron Rouge. Le succès de la pièce est si important qu'elle décide de l'adapter sous forme de roman. Il devient un best-seller immédiat. À son tour, le cinéma s'empare de cet insaisissable personnage qui deviendra le héros de plusieurs films à partir de 1917.

La Baronne Orczy meurt en 1947 à Monte-Carlo, mais son succès durera à travers les années et dans le monde entier grâce à son *Mouron Rouge*, figure emblématique du roman de cape et d'épée.

Compréhension **écrite**

DELF 1 Lisez ce document et cochez les affirmations exactes.

1. ☐ Il s'agit de la biographie de l'auteur du *Mouron Rouge*.
2. ☐ Elle est née à la fin du XVIIe siècle.
3. ☐ Elle est d'origine hongroise mais elle a vécu aussi à Bruxelles, à Paris et à Londres.
4. ☐ Elle se marie à la fin du XIXe siècle avec un peintre.
5. ☐ Elle commence sa carrière littéraire avec des pièces de théâtre.
6. ☐ Une trentaine d'aventures sont publiées entre 1901 et 1904.
7. ☐ En 1905, le *Mouron Rouge* monte sur les planches d'un théâtre parisien.
8. ☐ Adapté sous forme de roman, il devient un best-seller immédiat.
9. ☐ La Baronne meurt en 1947 et son succès aussi.

LES PERSONNAGES PRINCIPAUX

Sir Percy Blakeney

Margot

Armand

Chauvelin

Lord Hastings

CHAPITRE **1**

Des aristocrates
à la guillotine

Mon grand-père aime me raconter des histoires fabuleuses. C'est un homme féru [1] d'histoire et je suis moi-même fanatique d'aventures de cape et d'épée. Je ne me lasse [2] jamais de l'écouter. Ainsi, un soir de Noël, j'ai eu la bonne idée de lui poser quelques questions sur la Révolution française. Il m'a alors transporté à travers le temps dans l'un des plus mystérieux récits de la France révolutionnaire.

— Mon cher petit, je vais te raconter une histoire que j'ai lue quand j'étais enfant. Elle m'a tellement passionné que je me la rappelle dans ses moindres détails.

1. **Être féru de** : être passionné de.
2. **Se lasser** : se fatiguer, se décourager.

chapitre 1

— Peut-être que je la connais, papi[1] ?
— Oh je ne crois pas, mon petit. C'est le *Mouron Rouge*. Ça te dit quelque chose ?
— Euh, non, pas du tout...
— Bon, nous sommes donc à la fin du XVIIIe siècle et Paris est en pleine révolution...
— Ah, oui ! Notre prof nous a parlé de la guillotine qui a coupé tant de nobles têtes...
— En 1789, date fatidique, le peuple devient le seul et unique souverain de France. Affamé par une cour corrompue, il peut enfin se venger. C'est ainsi qu'il envoie comtes et comtesses, ducs et duchesses, barons et baronnes, puis, plus tard, le roi et la reine sous le couperet[2] de la guillotine.
— Mais il n'y a pas moyen d'échapper à ce sort cruel ?
— Si, certains essaient de s'enfuir. Chaque après-midi, avant la fermeture des portes de la ville, des aristos[3] tentent leur chance sous les déguisements[4] les plus divers : hommes en femmes, femmes en hommes, enfants en mendiants.
— Il n'y a pas de soldats aux portes de la ville pour surveiller les sorties ?
— Si, et les soldats citoyens[5] réussissent presque toujours à pincer[6] les aristos déguisés. Cependant, certains échappent au Tribunal révolutionnaire et vont continuer leur vie en Angleterre

---

1. **Papi** : nom donné par les enfants à leur grand-père.
2. **Un couperet** : une lame.
3. **Un aristo** : terme familier pour aristocrate.
4. **Un déguisement** : vêtement qu'on utilise pour se rendre méconnaissable (au carnaval par exemple).
5. **Un soldat citoyen** : nom donné aux soldats révolutionnaires.
6. **Pincer** (fam.) : ici, prendre, arrêter.

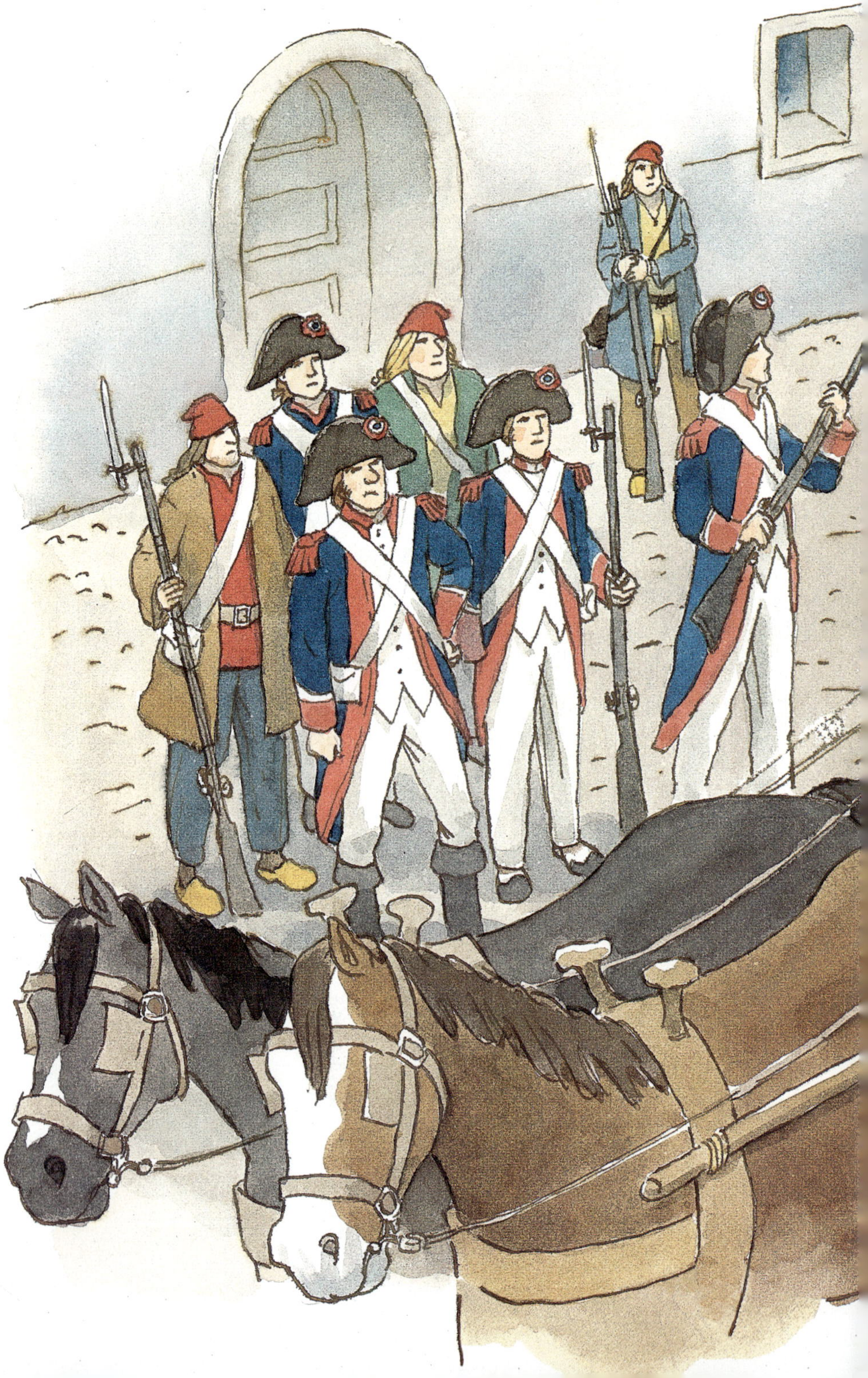

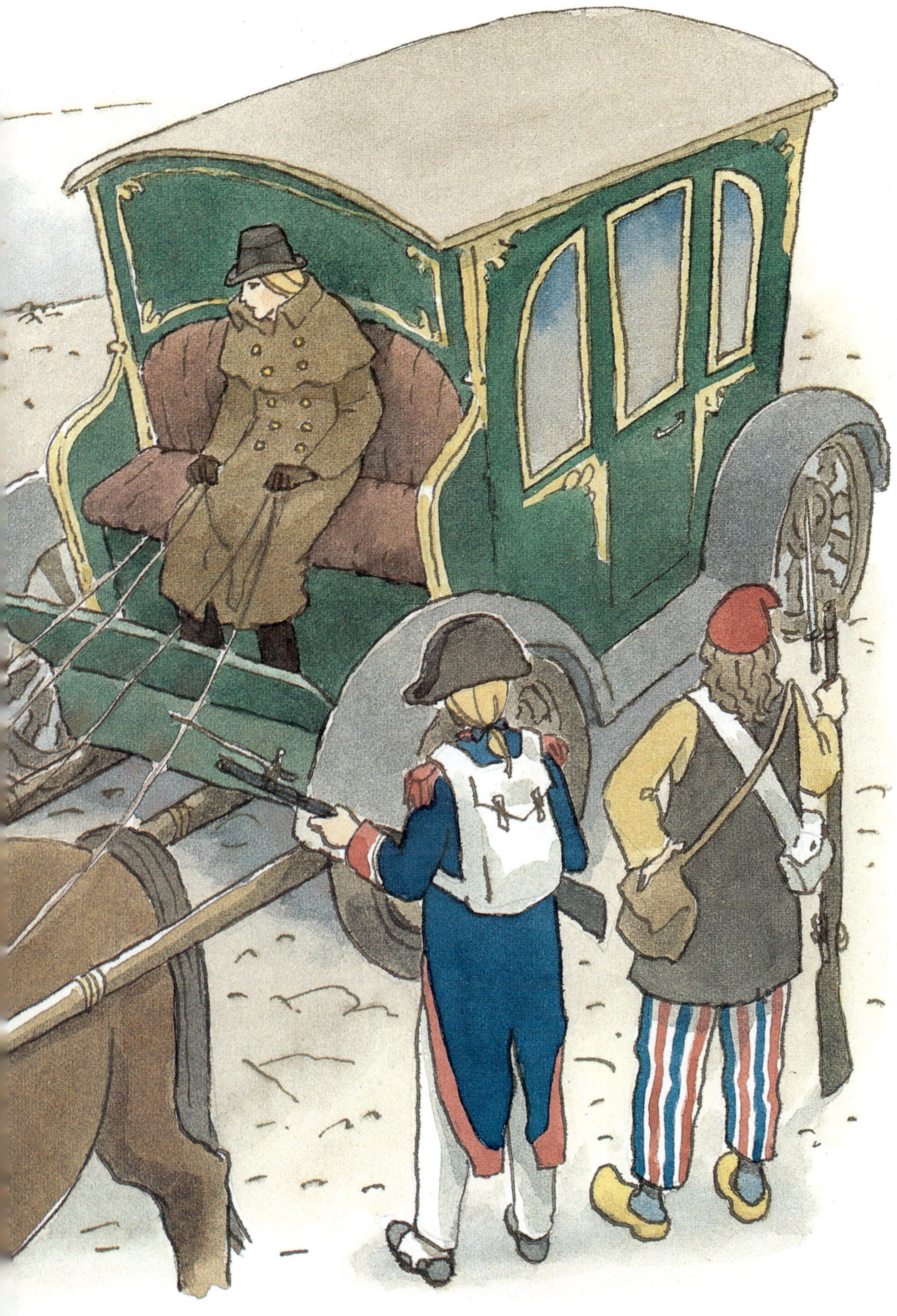

LE MOURON Rouge

par exemple. Et c'est justement ici que notre *Mouron Rouge* fait son entrée. Écoute un peu mon histoire.

Aux portes de Paris, un certain sergent, le sergent Bibot, reconnaît un aristocrate sous n'importe quel déguisement. Il joue avec sa proie comme un chat avec une souris. Il laisse l'aristo déguisé franchir les portes et quand ce dernier croit finalement être libre, notre cher Bibot envoie ses hommes l'attraper. Aucun ne réussit à lui échapper. C'est un jeu si drôle pour lui ! Mais depuis peu de temps des bruits courent sur la disparition de certains aristos. Comment ? Des aristos réussissent à passer à travers les mailles du filet ? On dit que ces évasions sont organisées par une bande d'Anglais très téméraires. Le chef de cette bande a la réputation d'être non seulement astucieux mais aussi d'avoir un courage extraordinaire. À chaque fois qu'il organise l'évasion d'un royaliste, il signe son œuvre d'une marque rouge : une petite fleur en forme d'étoile, appelée le mouron rouge. Ah ! Quelle colère et quelle honte au sein du Tribunal révolutionnaire : on décide de promettre une grosse somme d'argent à celui qui capture vivant cet insaisissable Mouron Rouge.

Notre cher sergent Bibot, qui se croit plus intelligent que les autres, espère bien capturer cette belle proie. Réussir finalement là où tout le monde a échoué [1] ! Il veut à son tour être digne d'admiration.

---

1. **Échouer** : ne pas réussir.

ACTIVITÉS

Compréhension **orale** et **écrite**

DELF 1 Écoutez l'enregistrement du chapitre et dites si les affirmations suivantes sont vraies (V) ou fausses (F).

		V	F
1.	Mon grand-père n'aime pas me raconter des histoires.	☐	☒
2.	Je suis un fanatique d'aventures de cape et d'épée.	☒	☐
3.	Je lui ai posé quelques questions sur la Révolution française.	☒	☐
4.	L'histoire se situe à Paris à la fin du XXe siècle.	☐	☒
5.	En 1789, le peuple devient le seul souverain de France.	☒	☐
6.	Pour se venger, le peuple envoie les aristocrates à la guillotine.	☒	☐
7.	Les aristocrates n'essaient pas de s'enfuir.	☐	☒
8.	Ils tentent leur chance tous les matins.	☐	☒
9.	Certains aristocrates réussissent à s'échapper.	☒	☐
10.	Bibot ne réussit pas à reconnaître un aristocrate déguisé.	☐	☒
11.	Des évasions sont organisées par une bande d'Irlandais.	☐	☒
12.	Le chef de la bande signe son œuvre d'une marque rouge.	☒	☐

2 Retrouvez dans le chapitre les mots qui correspondent aux définitions suivantes.

1. Lieu de l'histoire : ... *Paris*
2. Siècle de la Révolution : ... *XVIIIe*
3. Le grade de Bibot : ... *Sergent*
4. L'origine de la bande qui organise les évasions : ... *L'Anglaise*
5. Les deux plus grandes qualités du chef de cette bande : ... *astucieux, un courage extraordinaire*
6. La description de la marque rouge : ... *une petite fleur en forme d'étoile*

13

ACTIVITÉS

3 Lequel des quatre dessins suivants est celui du Mouron Rouge ? Cochez la bonne case.

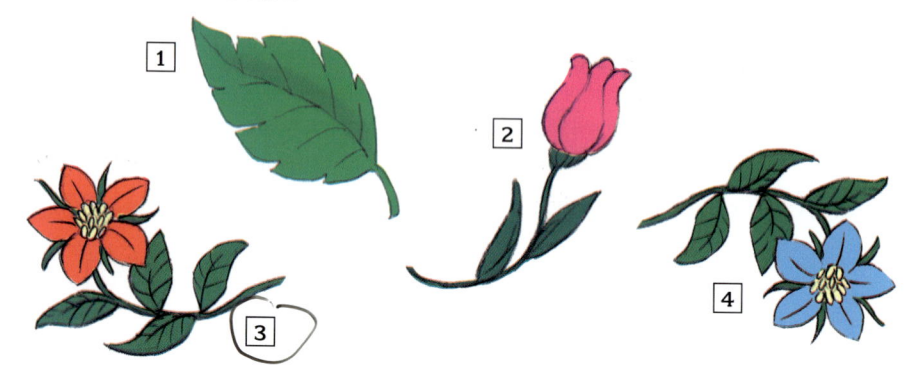

Enrichissez votre **vocabulaire**

1 Trouvez le mot qui correspond aux dessins suivants.

1. [c] un mendiant
2. [a] un soldat
3. [e] une guillotine
4. [b] une fleur
5. [d] une étoile

14

ACTIVITÉS

2 Dans chaque liste de mots, un ou plusieurs intrus se sont glissés. Barrez-les.

1. Des histoires/des aventures de cape et d'épée/un récit/~~un film~~
2. ~~Compter~~/conter/raconter/~~dompter~~
3. Être féru/être passionné/~~être indifférent~~/aimer
4. Des aristocrates/des révolutionnaires/des citoyens/~~des paysans~~
5. ~~Un roi~~/un souverain/un comte/un soldat

Grammaire

> **Les réponses par *si* ou *oui*.**
>
> On répond **oui** à une question affirmative.
> *Est-ce que la Révolution se situe à la fin du XVIIIe siècle ?*
> ***Oui**, la Révolution se situe à la fin du XVIIIe siècle.*
>
> On répond **si** à une question négative.
> *Est-ce que la Révolution **ne** se situe **pas** à la fin du XVIIIe siècle ?*
> ***Si**, la Révolution se situe à la fin du XVIIIe siècle.*
>
> **Non** répond négativement à une question affirmative ou négative.
> *Est-ce que la Révolution se situe à la fin du XIXe siècle ?*
> ***Non**, la Révolution ne se situe pas à la fin du XIXe siècle.*
> *Est-ce que la Révolution **ne** se situe **pas** à la fin du XIXe siècle ?*
> ***Non**, la Révolution ne se situe pas à la fin du XIXe siècle.*

1 Associez chaque question à sa réponse.

1. [a] Est-ce qu'il aime raconter des histoires fabuleuses ?
2. [d] Est-ce que la révolution se situe au XVIIe siècle ?
3. [c] Est-ce que leur prof ne leur a pas parlé de la guillotine ?
4. [b] Est-ce que les aristos n'essaient pas de s'enfuir ?

a. Oui, il aime beaucoup raconter des histoires.
b. Si, ils essaient de s'enfuir sous les déguisements les plus divers.
c. Si, leur prof leur a parlé de la guillotine.
d. Non, elle ne se situe pas au XVIIe siècle.

Les sans-culottes

Le pantalon et la culotte

Sous la Révolution, ce qu'on appelle une « culotte » n'est pas un sous-vêtement, mais un pantalon qui s'arrête en-dessous du genou et nécessite de porter des bas. Les bas sont fragiles et chers, ils ne conviennent donc pas aux hommes du peuple qui portent le pantalon. C'est pour cette raison que, sous la Révolution, ils sont appelés les « sans-culottes ». Ils se différencient ainsi des aristocrates et des bourgeois qui portent des culottes en soie, tandis que les sans-culottes se contentent de pantalons en toile. Ils ont parfois sur la tête un bonnet

Un bourgeois, à l'époque de Louis XVI, 1780.

Un sans-culotte, XVIIIe siècle.

rouge, inspiré de celui que portaient les esclaves affranchis [1] de Phrygie (Asie Mineure) sous l'Antiquité grecque.

La blouse et la chemise

Les hommes du peuple portent une blouse de couleur en toile épaisse. Les bourgeois et les nobles, en revanche, portent une chemise blanche au tissu très fin. Ce tissu peut être de lin ou de coton importé d'Amérique.

Les perruques

Depuis la fin du XVIIe siècle, les nobles et les bourgeois ont pris l'habitude de porter des perruques dont les coiffures compliquées changent selon la mode. Souvent, elles sont faites avec les cheveux des pauvres qui les laissent pousser pour les vendre.

Les sabots et les chaussures

La classe populaire est chaussée de sabots en bois parce qu'ils ne sont pas chers et très résistants. Les nobles et les bourgeois portent des chaussures en cuir.

1 À l'aide de l'encadré, classez dans les deux colonnes ci-dessous les vêtements que porte un noble ou un bourgeois et les vêtements que porte un homme du peuple ou un sans-culotte.

> une culotte   un pantalon   une chemise   une perruque
> des sabots   des chaussures   une blouse   un bonnet   des bas

noble ou bourgeois	homme du peuple ou sans-culotte
une culotte / des bas / une chemise / une perruque / des chaussures	un pantalon / un bonnet / une blouse / des sabots

2 Faites des phrases pour décrire successivement un sans-culotte et un noble.

1. **Affranchi** : libéré.

CHAPITRE 2

C'EST SIGNÉ LE MOURON ROUGE

Le sergent Bibot examine donc avec un soin scrupuleux tous les chariots qui quittent la ville. Il ne veut pas se faire avoir[1] comme le citoyen Grospierre : sa sottise lui a fait perdre la tête !!!

— Qu'est-ce qui est arrivé à ce pauvre homme ?

— Il est lui aussi sergent aux portes de la ville et lui aussi chargé de ne pas laisser s'échapper les aristos. Un après-midi comme tous les autres, une voiture, transportant des tonneaux[2] et conduite par un vieil homme avec un enfant assis à côté de lui, s'arrête. Évidemment, Grospierre prend soin de regarder tous les tonneaux, il voit qu'ils sont vides et laisse donc passer le chariot.

— Est-ce qu'il a bien regardé ?

---

1. **Se faire avoir** (fam.) : être victime de.

2. **Un tonneau** :

chapitre 2

— Attends. Une demi-heure plus tard, arrive un capitaine avec une douzaine d'hommes.

« Est-ce qu'une voiture est passée ? » demande-t-il avec précipitation au sergent Grospierre.

« Oui, répond-il. Il y a une demi-heure. »

« Et vous les avez laissés passer ! » s'écrie le capitaine avec fureur. « Vous paierez votre erreur sur la guillotine ! Cette voiture cachait le duc de Chalis et toute sa famille ! Et le conducteur était le Mouron Rouge ! »

— Quel idiot, ce Grospierre !

— Ne va pas trop vite, mon petit. Écoute un peu la suite. Le capitaine donne l'ordre à Grospierre et ses hommes de partir à leur poursuite et il ajoute : « Pensez à la récompense si vous les retrouvez… » Là-dessus, le sergent Grospierre et ses soldats s'élancent par la porte et disparaissent comme un éclair.

— Mais il est trop tard…

— Non, non, dit mon grand-père en riant, les aristos n'étaient pas dans les tonneaux et le conducteur n'était pas le Mouron Rouge ! Non ! Le capitaine était ce maudit Anglais déguisé et tous ses soldats des aristos !

— Oh, non !

— Alors, tu penses bien que Bibot, connaissant l'histoire, ne veut pas se faire avoir à son tour. Un après-midi, une vieille sorcière à l'aspect répugnant passe à sa porte. Elle s'arrête, bien sûr et entame la conversation avec Bibot :

« Mon petit-fils a la petite vérole, en indiquant du doigt l'intérieur de la voiture, mais d'autres prétendent que c'est la peste… ».

En entendant ces mots, Bibot et ses hommes ne peuvent s'empêcher de faire quelques pas en arrière.

« Tu n'es pas courageux, citoyen ! » lui dit-elle.

LE MOURON Rouge

« La peste ! sauve-toi ! » hurle Bibot, épouvanté par l'horreur de cette affreuse maladie. La vieille ne se fait pas prier et lance sa voiture hors de la ville.

chapitre **2**

Tout à coup, comme pour le cas de Grospierre, un capitaine arrive. Ce dernier ne peut être le Mouron Rouge car Bibot le connaît bien.

« Une voiture vient de passer ? » demande-t-il essoufflé.

« Quelle voiture ? » demande Bibot.

« Une voiture conduite par une vieille sorcière avec son petit-fils qui a la peste ? »

« Ben, oui, » répond Bibot devenu exsangue de peur.

« Et vous les avez laissés passer... La voiture contient la comtesse de Tournay et ses deux enfants, tous traîtres et condamnés à mort. Quant au conducteur, c'est sûrement le Mouron Rouge ! »

« Morbleu [1] ! » murmure Bibot. « La guillotine cette fois est pour moi ! »

1. **Morbleu !** : interjection qui n'est plus utilisée aujourd'hui.

ACTIVITÉS

Compréhension **orale**

DELF 1 Écoutez l'enregistrement du chapitre et remettez dans l'ordre les événements.

a. [1] Le sergent Bibot ne veut pas se faire avoir à son tour.
b. [7] Bibot laisse passer une vieille sorcière et son petit-fils qui a la peste.
c. [2] Grospierre prend soin de regarder tous les tonneaux.
d. [3] Les tonneaux sont vides et il laisse donc passer le chariot.
e. [8] La voiture contient la famille de Tournay et le Mouron Rouge.
f. [5] Grospierre et ses soldats se lancent à leur poursuite.
g. [9] Une demi-heure plus tard, arrive un capitaine avec ses hommes.
h. [4] La voiture cachait le duc de Chalis et toute sa famille.
i. [6] Le capitaine était le Mouron Rouge et ses soldats des aristocrates.

DELF 2 Les sergents perdent la tête ! Cochez la réponse correcte.

Bibot

1. Pourquoi le sergent Bibot examine-t-il avec un soin scrupuleux tous les chariots ?
   a. ☐ Parce qu'il est curieux.
   b. ☒ Parce qu'il ne veut pas se faire avoir.
   c. ☐ Parce qu'il est scrupuleux.

2. Comment réagit Bibot quand la vieille prononce le mot « peste » ?
   a. ☒ Il est épouvanté et la laisse passer.
   b. ☐ Il est courageux et examine attentivement la voiture.
   c. ☐ Il se sauve avec ses soldats.

3. Quelle est la réaction de Bibot lorsqu'il apprend qu'il a laissé passer le Mouron Rouge ?
   a. ☐ Il rit beaucoup.
   b. ☐ Il sait qu'il va être récompensé.
   c. ☒ Il sait qu'il va finir à la guillotine.

ACTIVITÉS

Grospierre

1. Que fait le sergent Grospierre aux portes de la ville ?
   a. ☐ Il est chargé de ne pas laisser s'échapper les révolutionnaires.
   b. ☐ Il doit attendre les ordres du capitaine.
   c. ☒ Il est chargé de ne pas laisser s'échapper les aristos.

2. Que font Grospierre et ses soldats quand le capitaine donne l'ordre de partir à la poursuite de la voiture ?
   a. ☐ Ils refusent d'obéir.
   b. ☐ Ils s'aperçoivent que le capitaine est le Mouron Rouge.
   c. ☒ Ils partent immédiatement à leur poursuite.

3. Quelle est la conséquence de la sottise de Grospierre ?
   a. ☒ Il va perdre la tête sur la guillotine.
   b. ☐ Il est jeté en prison.
   c. ☐ Il est pardonné.

Compréhension **écrite**

DELF 1 L'histoire de Bibot et celle de Grospierre se ressemblent beaucoup. Cochez les phrases qui correspondent à l'histoire de Bibot (B) et de Gropspierre (G). Attention ! Certaines phrases peuvent correspondre aux deux histoires.

1. ☐ ☒(G) Il est sergent aux portes de la ville.
2. ☒(B) ☐ Il est chargé de ne pas laisser passer les aristos.
3. ☐ ☐ Il prend soin de regarder tous les tonneaux.
4. ☒(B) ☐ Il laisse passer le chariot avec la vieille sorcière et son petit-fils.
5. ☐ ☐ Le capitaine est le Mouron Rouge et les soldats des aristos.
6. ☐ ☐ Le capitaine ne peut pas être le Mouron Rouge car le sergent le connaît bien.

23

ACTIVITÉS

7. ☐☐ Un capitaine avec ses hommes arrive et lui donne l'ordre de se lancer à leur poursuite.

8. ☐☐ Quand elle prononce le mot « peste », il lui donne l'ordre de se sauver.

9. ☐☐ La vieille sorcière est le Mouron Rouge et la voiture contient des aristocrates.

10. ☐☐ Le sergent et ses soldats obéissent tout de suite.

11. ☐☐ Il laisse passer le chariot conduit par un vieil homme et un enfant.

12. [B]☐ Il paiera son erreur sur la guillotine.

Enrichissez votre vocabulaire

1 Voici une liste d'expressions tirées du deuxième chapitre. Associez chaque expression à sa signification.

1. [F] prendre soin de
2. [C] comme un éclair
3. [D] partir à la poursuite de
4. [E] se faire avoir
5. [G] entamer la conversation
6. [A] morbleu !
7. [B] tout à coup

a. mon dieu !
b. soudain
c. rapidement
d. suivre
e. être victime de
f. faire attention à
g. commencer à discuter

ACTIVITÉS

2 Retrouvez les noms qui correspondent aux dessins suivants.

1. [D] un chariot
2. [C] des tonneaux
3. [B] un vieil homme
4. [A] un enfant
5. [E] une sorcière

a.
b.
c.
d.
e.

Production **écrite**

DELF 1 Vous connaissez les deux mésaventures de Bibot et Grospierre. Racontez à votre tour l'aventure d'un troisième personnage, lui aussi sergent aux portes de la ville.

Vous avez deux possibilités.
1. Votre sergent a de la chance ! Il découvre un aristocrate. Il est récompensé. Imaginez comment il le découvre et quelle est sa récompense.
2. Encore une fois, votre sergent est victime du Mouron Rouge…

CHAPITRE **3**

La belle Margot

— Mais papi, où vont tous ces aristocrates quand ils réussissent à s'échapper ?
— Dans notre histoire, ils se sauvent en Angleterre, où le Mouron Rouge connaît un lieu sûr. Une fois que les aristocrates français ont traversé la Manche, ils se retrouvent au port de Douvres dans une auberge qui s'appelle *Au Repos du pêcheur*.
— Et c'est dans cette auberge que la comtesse de Tournay et ses deux enfants se réfugient ?
— Exactement. Heureuse d'avoir échappé à l'horreur de la guillotine, la famille de Tournay fête ce soir-là avec grande joie l'hospitalité anglaise. On trinque [1] « À sa Majesté le roi ! » en

1. **Trinquer** :

chapitre 3

compagnie des hommes de la bande du Mouron Rouge.

— Et le Mouron Rouge n'est pas avec eux ?

— Eh non, il travaille dans l'ombre. Personne ne connaît son identité, sauf ses hommes et sous le serment solennel du secret. Peu de temps après le repas, on annonce l'arrivée *Au Repos du pêcheur* de Marguerite Saint-Just et de son mari Sir Percy Blakeney.

— Mais qui sont ces deux personnes ?

— Ah ! Quelle impatience ! Lady Blakeney est une ancienne comédienne de théâtre devenue la femme la plus à la mode à Londres et lui, l'homme le plus riche d'Angleterre.

« Je ne veux pas rencontrer cette femme ! » annonce la comtesse en colère. « Elle a dénoncé le marquis de Saint-Cyr et toute sa famille à l'horrible Tribunal révolutionnaire. Le frère de cette femme, Armand Saint-Just, est un Républicain[1]... »

Elle n'a pas eu le temps de finir sa phrase. Quand Lady Blakeney entre dans la salle de l'auberge, sa voix douce et sa beauté exceptionnelle font taire tout le monde...

— La comtesse de Tournay ne veut pas rencontrer Lady Blakeney parce qu'elle a dénoncé certains aristos ?

— À cette époque, tous les aristocrates se soutiennent et il y a une haine[2] diffuse envers les révolutionnaires qui contribuent à leur chute.

— Ensuite, que se passe-t-il ?

— La comtesse de Tournay décide donc de se rendre dans sa chambre pour éviter le pire. C'est alors que Sir Percy Blakeney entre à son tour.

---

1. **Un Républicain** : partisan de la République.
2. **La haine** : sentiment d'hostilité envers quelqu'un.

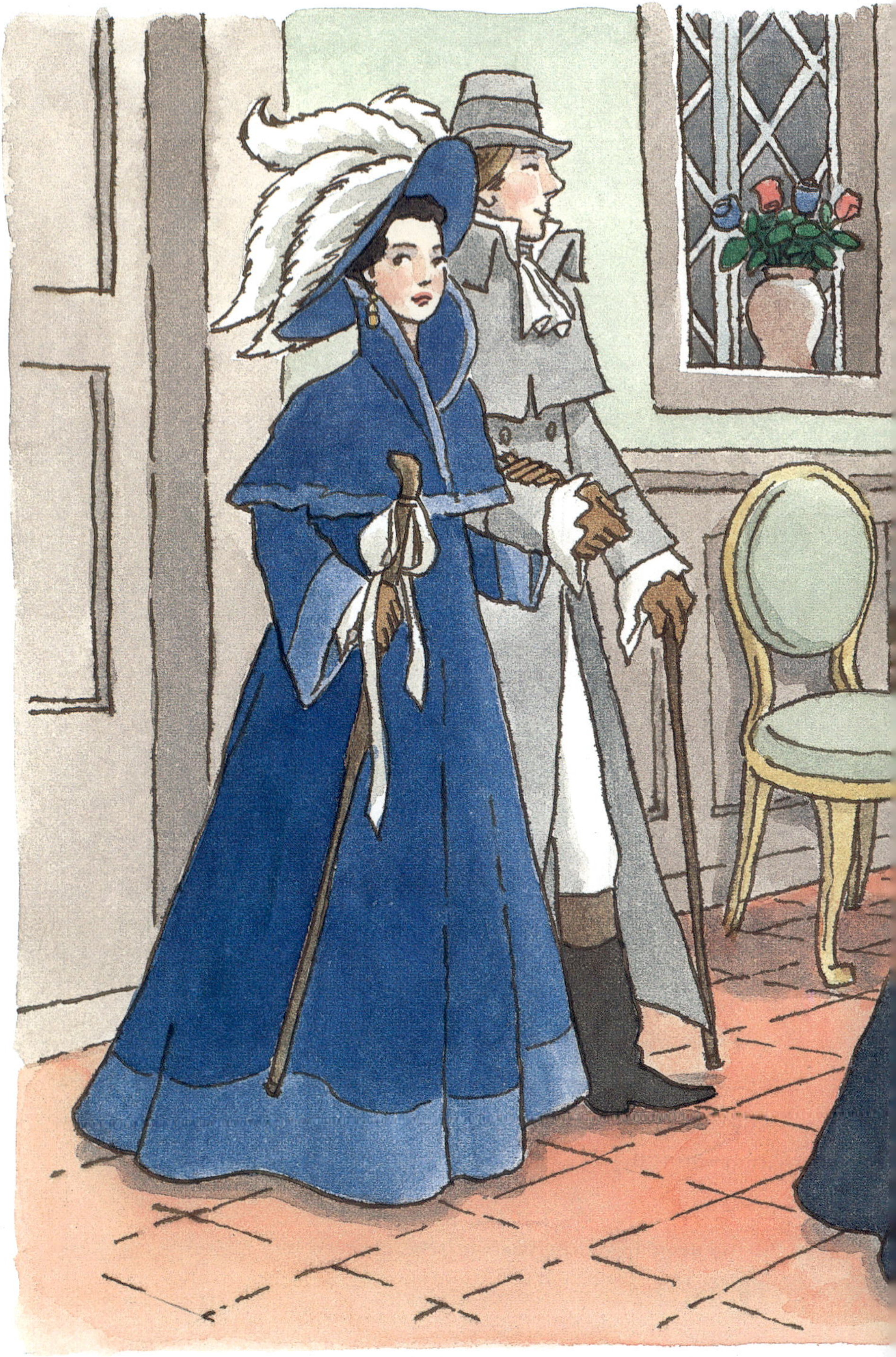

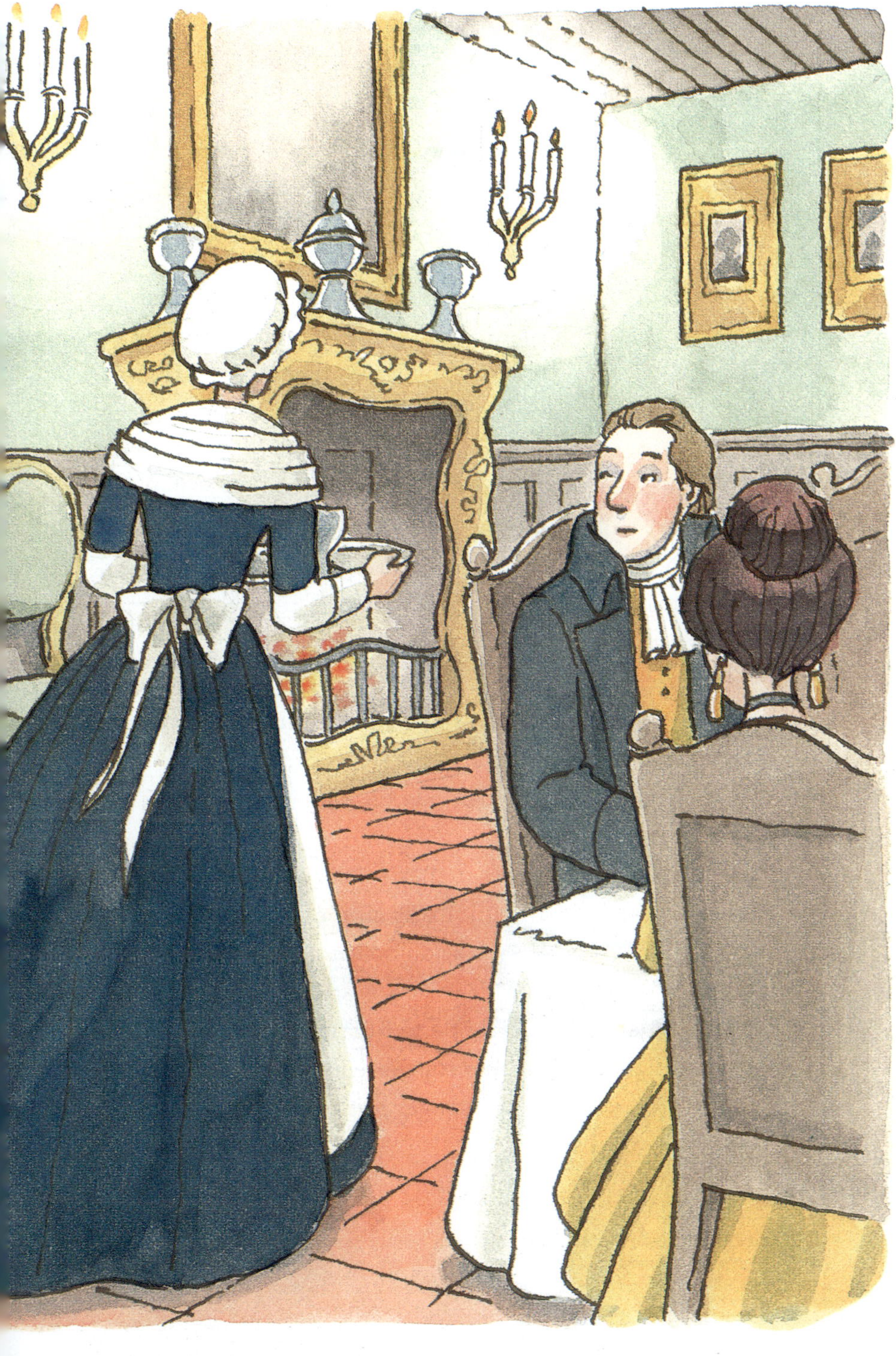

LE MOURON *Rouge*

— Et quel est le rapport avec les aventures du Mouron Rouge ?

— Attends un peu, que diable ! Nous avons toute la soirée devant nous. Je continue donc mon histoire. Sir Percy est plutôt bel homme et toujours élégamment habillé, mais son expression nonchalante et son rire insignifiant déforment son aspect. On dit qu'il est ennuyeux et qu'il est tout le contraire de sa femme, Marguerite, intelligente et brillante, actrice de la Comédie-Française [1]. Bref, le jour de leur mariage, tout le monde s'est étonné : est-ce pour l'argent que la femme la plus fine d'Europe épouse ce sacré idiot ? En tout cas, il possède un bateau qui s'appelle le *Day Dream* que le frère de Marguerite, Armand Saint-Just, a l'intention d'utiliser ce soir-là pour se rendre en France. Lady Blakeney a beaucoup d'affection pour son frère. Elle décide de se rendre sur le bateau pour le saluer avant son départ. La brise de mer est forte et fait voler ses cheveux sur son doux visage. Une profonde tristesse envahit son regard :

« Ne pars pas, Armand, je n'ai que toi pour m'aimer » lui dit-elle, les larmes aux yeux.

« Mais Margot, ma petite sœur chérie, Percy t'aime. »

« Oui, il m'a aimé mais aujourd'hui, c'est fini… Il n'a pas supporté l'histoire de la dénonciation au Tribunal du marquis de Saint-Cyr. »

Une heure plus tard, au bord de la falaise, Margot regarde le *Day Dream* s'éloigner. Il emporte son frère, le seul être en qui elle a confiance, vers un destin incertain et plein de dangers.

---

1. **La Comédie-Française** : société des comédiens français. Aujourd'hui, grand théâtre parisien.

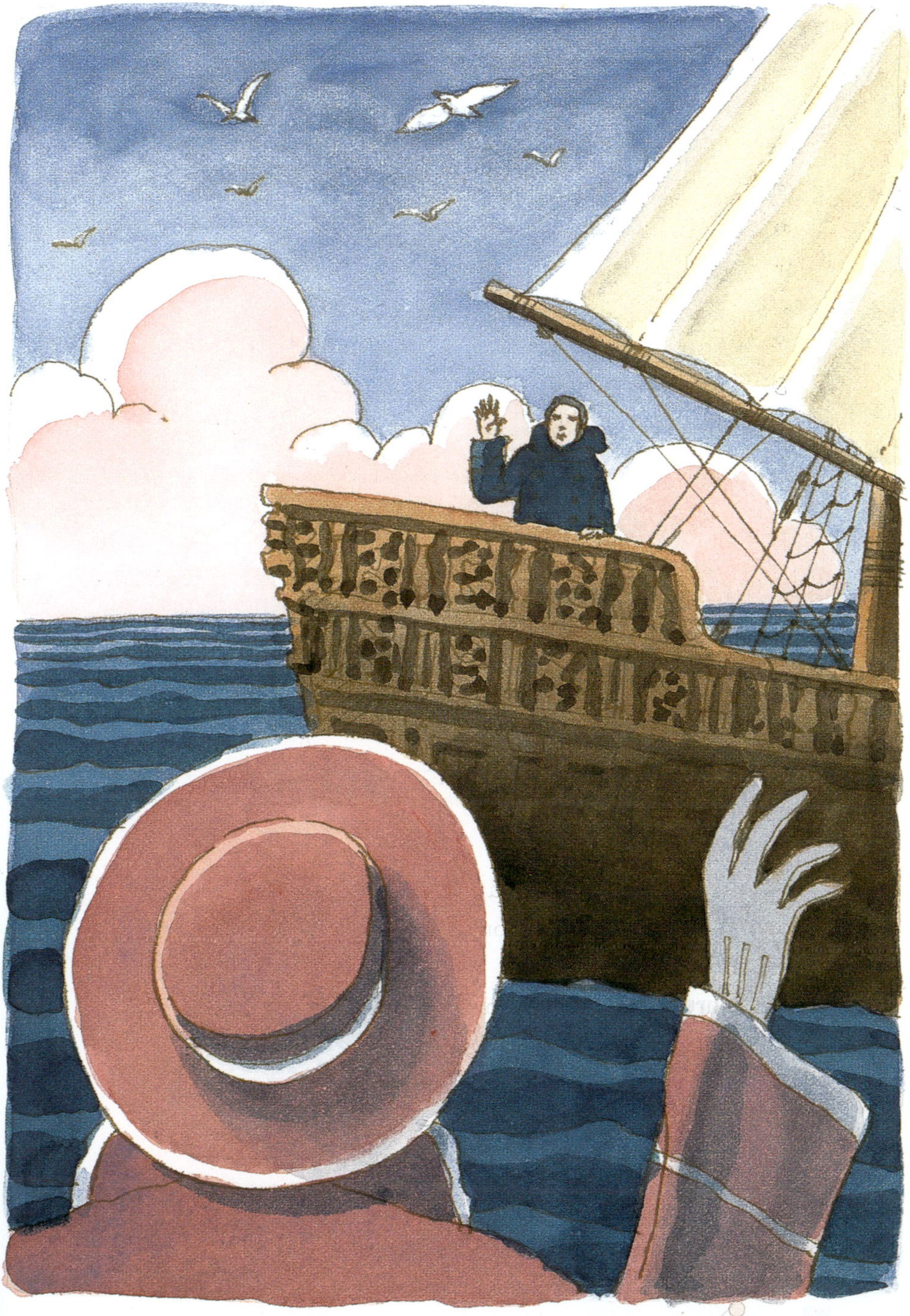

ACTIVITÉS

Compréhension **orale**

DELF 1 Écoutez l'enregistrement du chapitre et retrouvez la fin de chaque phrase.

1. [G] Quand les aristos s'échappent…
2. [B] Ils se retrouvent à Douvres dans une auberge…
3. [F] À l'auberge, on annonce l'arrivée…
4. [H] La comtesse est en colère contre Marguerite…
5. [C] Au XVIIIe siècle, tous les aristos se soutiennent…
6. [D] Sir Percy est élégant et plutôt bel homme mais…
7. [A] Sa femme, au contraire, est…
8. [E] Margot regarde le *Day Dream* partir,…

a. …intelligente et brillante.
b. …qui s'appelle *Au Repos du pêcheur*.
c. …et éprouvent une haine diffuse envers les révolutionnaires.
d. …c'est un homme ennuyeux.
e. …il emporte son frère, le seul être en qui elle a confiance.
f. …de Marguerite Saint-Just et de son mari.
g. …ils se sauvent en Angleterre.
h. …parce qu'elle a dénoncé toute la famille Saint-Cyr.

DELF 2 Les relations de Marguerite Saint-Just avec son frère. Cochez les réponses exactes.

1. Marguerite éprouve
   a. ☐ de la haine envers son frère.
   b. ☒ beaucoup d'affection pour son frère.
   c. ☐ des sentiments contradictoires envers son frère.

2. Marguerite
   a. ☒ a confiance en son frère.
   b. ☐ se méfie de son frère.
   c. ☐ a des doutes sur les sentiments de son frère.

32

ACTIVITÉS

3. Quels sont les sentiments d'Armand envers sa sœur ?
   a. ☒ Il l'aime.
   b. ☐ Il la déteste.
   c. ☐ Il ne la supporte pas.

4. Armand doit partir pour la France. Marguerite est
   a. ☐ très contente.
   b. ☐ indifférente.
   c. ☒ très triste.

3 Un peu de géographie. Replacez les noms de l'encadré sur la carte. Puis, écoutez l'enregistrement et complétez le texte.

| Douvres   Calais   La Manche   Londres   Paris |

1. Londres
2. Douvres
3. Calais
4. La Manche
5. Paris

ACTIVITÉS

Le récit commence à 1 ...Paris... sous la Révolution. Dans notre histoire, les aristocrates quittent la France pour se réfugier en Angleterre. La mer qui sépare les deux pays s'appelle 2 ...la manche... Ils embarquent au port de 3 ...Calais... et débarquent au port de 4 ...Douvres... . Dans cette ville, il y a une auberge qui s'appelle *Au Repos du pêcheur*. C'est un lieu sûr pour les aristocrates. On annonce l'arrivée de Lady Blakeney, la femme la plus à la mode à 5 ...Londres...

Enrichissez votre **vocabulaire**

1 La description des personnages. Retrouvez tous les mots qui décrivent physiquement et moralement les deux protagonistes du chapitre : Marguerite Saint-Just et son mari, Sir Percy Blakeney.

La Révolution
en questions

Qu'est-ce que la Révolution française ?
C'est la révolte de la bourgeoisie et du peuple contre la noblesse et le clergé qui dominent sous l'Ancien Régime.

Qu'est-ce que c'est l'Ancien Régime ?
C'est l'organisation politique et sociale de la France du XVIe au XVIIIe siècle. L'autorité du roi est absolue et de droit divin : personne ne peut la contester. La justice est exercée de manière arbitraire et les lois sont terribles : un vol, un simple délit de chasse conduisent aux galères à perpétuité ou à la peine de mort. Les tortures sont

Paris, intérieur de la Conciergerie.

Clergé, Noblesse, Tiers État : costumes de cérémonie.

nombreuses : langue coupée, roue... Les philosophes du XVIIIe siècle ne cessent de dénoncer tous les abus de la monarchie absolue.

Pourquoi la bourgeoisie et le peuple se retournent-ils contre la noblesse et le clergé ?

Les Français sont répartis en trois ordres ou trois classes sociales : le Clergé, la Noblesse et le Tiers État. Les deux premiers ordres sont privilégiés, mais ils ne comprennent qu'une petite minorité de la population française. Le Tiers État est lui-même divisé en bourgeois et paysans. Au XVIIIe siècle, le développement du commerce et de l'industrie a beaucoup enrichi la bourgeoisie. C'est la classe dirigeante du point de vue économique et donc elle aspire à le devenir aussi du point de vue politique et social, comme la noblesse. C'est pourquoi elle revendique l'abolition des privilèges de la noblesse et le droit d'accéder à la liberté politique et économique.

Les paysans sont les plus nombreux et représentent la classe la plus pauvre qui paie le plus d'impôts. La plupart ne possèdent pas de terres.

Les impôts que paient les bourgeois et les paysans reviennent au roi et à la cour, à la noblesse et au clergé. Et malgré ça, ils n'ont pas le droit d'expression.

Pourquoi est-ce que les Français se révoltent ?

À la fin du XVIIIe siècle, le roi Louis XVI et sa cour deviennent très impopulaires en raison d'un gaspillage [1] extraordinaire. En 1785, les Français subissent une grande sécheresse ; en 1788, une forte grêle [2] détruit une grande partie des récoltes et l'hiver est exceptionnellement froid. Or, en 1789, la monarchie absolue se trouve face à une situation financière catastrophique. Elle demande donc un effort financier supplémentaire à la population en augmentant les impôts.

Mais cette fois-ci, les Français veulent savoir à quoi sera employé leur argent. Ils ne veulent plus se contenter de donner au roi l'argent qu'il demande. Cette revendication met fin au secret des finances royales, point essentiel de la monarchie absolue. C'est le début de la Révolution. De plus, les bourgeois reçoivent un appui important et

1. **Un gaspillage** : dépenses excessives et inutiles.
2. **La grêle** : pluie constituée de grains de glace.

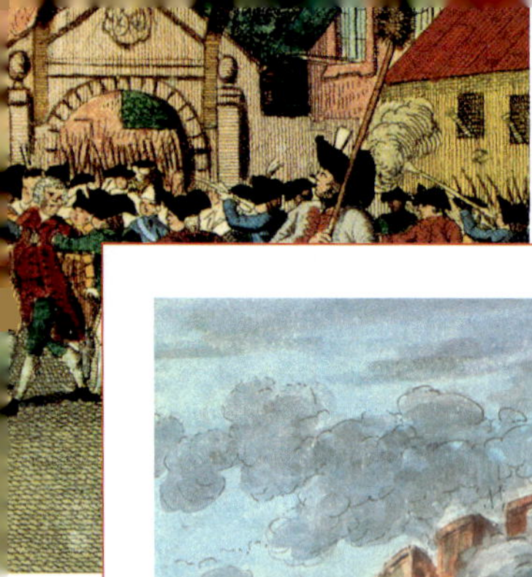

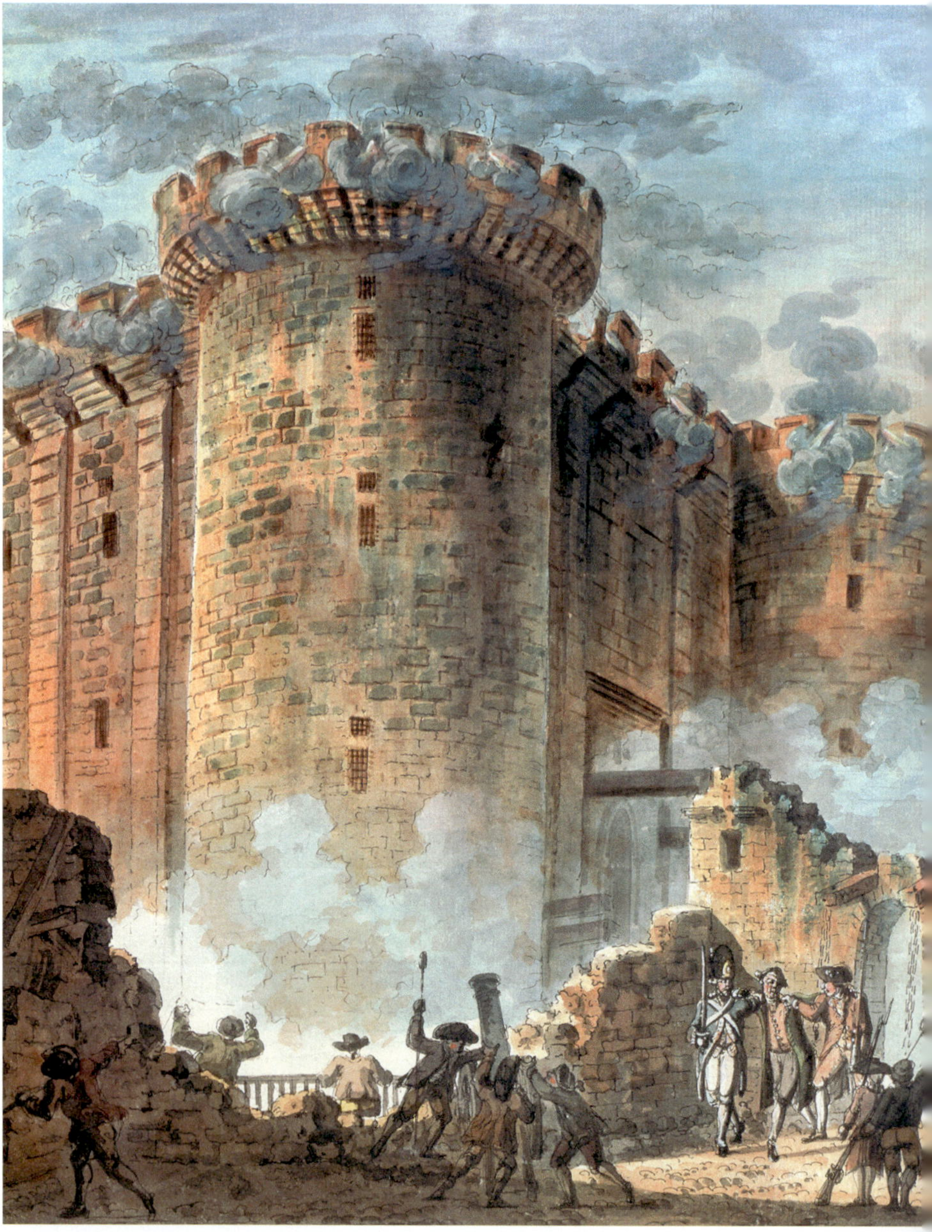

inattendu : celui du peuple de Paris. Le roi tente encore de lutter et renvoie son Ministre des Finances, Necker, alors très populaire. La réaction du peuple ne se fait pas attendre. La population de Paris croit à un coup de force préparé par le roi.

Qu'est-ce que c'est la prise de la Bastille ?

Le 14 juillet 1789, le peuple décide de prendre les armes (canons et fusils) et va les chercher à la prison de la Bastille. Après quatre heures de lutte, la Bastille est prise. La victoire du peuple entraîne l'effondrement de tout l'Ancien Régime politique et social.

La prise de la Bastille,
Jean-Pierre Houel, 1789.

C'est à ce moment-là que commence à se diffuser la cocarde [1] tricolore. C'est aussi le point de départ de l'émigration des privilégiés (noblesse et clergé). Comme dans *Le Mouron Rouge*, ils préfèrent quitter la France plutôt que d'être jugés et... guillotinés ! Aujourd'hui, le 14 juillet est la fête nationale et un jour férié.

Quelles sont les conséquences de la prise de la Bastille ?
En même temps, dans toute la France, il y a des soulèvements de paysans. Que veulent-ils ? Écrasés par les impôts, ils demandent la disparition des droits seigneuriaux et la fin du système féodal. C'est ainsi que dans la nuit du 4 août 1789, l'Assemblée nationale, mise en place le 9 juillet 1789, vote la suppression des privilèges (mais c'est aussi la fin de la censure et le début de la liberté d'expression).

Compréhension **écrite**

DELF 1 **Lisez le dossier et dites si les affirmations suivantes sont vraies (V) ou fausses (F).**

		V	F
1.	Sous l'Ancien Régime, l'autorité du roi est absolue.	☒	☐
2.	Les philosophes sont indifférents aux abus de la monarchie absolue.	☐	☒
3.	Le Tiers État est un ordre privilégié.	☒	☐
4.	Le Tiers État est divisé en bourgeois et paysans.	☒	☒
5.	La bourgeoisie est la classe dirigeante du point de vue économique, politique et social.	☐	☐

1. Une cocarde :

	V	F
6. Les paysans sont ceux qui paient le plus d'impôts.	☐	☐
7. En 1789, le roi se trouve face à une situation financière catastrophique.	☐	☐
8. La monarchie absolue veut encore augmenter les impôts.	☐	☐
9. Le 14 juillet, le peuple est vaincu par l'Ancien Régime.	☐	☐
10. Après la révolte des paysans, le 4 août 1789, l'Assemblée Nationale vote la suppression des privilèges.	☐	☐

2 Retrouvez les dates des événements importants suivants.

1. .... Une grande sécheresse
2. .... Une forte grêle, un hiver très froid
3. .... La mise en place de l'Assemblée nationale
4. .... La prise de la Bastille
5. .... Le vote de la suppression des privilèges

Production **écrite**

DELF **1** Êtes-vous intéressé par l'Histoire ? Quelle est la période historique que vous préférez ? Justifiez votre réponse. Si vous n'aimez pas l'histoire, expliquez pourquoi.

PROJET **INTERNET**

La guillotine de Monsieur Guillotin...
La guillotine a été conçue par le docteur Joseph Guillotin et le chirurgien Antoine Louis. L'objectif, contrairement à ce qu'on pourrait imaginer, était d'assurer une mort immédiate et sans souffrance, à la différence des autres moyens utilisés à l'époque (pendaison, décapitation à la hache ou à l'épée...). D'autre part, elle devait assurer l'égalité de tous les citoyens face à la peine de mort... une invention donc vraiment révolutionnaire !

À l'aide d'un moteur de recherche, tapez « guillotine et Français ». Vous trouvez la page « 28 novembre 1789 : les Français découvrent la guillotine ». Répondez ensuite aux questions.

▶ En quelle année la guillotine a-t-elle été présentée pour la première fois ?
▶ Quelles ont été les premières victimes de cette machine à couper les têtes ?
▶ Qui a été le premier être humain à en faire les frais et en quelle année ?
▶ Pourquoi la guillotine a-t-elle pris le nom du docteur ?
▶ Entre 1793 et 1794, combien de personnes sont-elle passées sous le couperet de la guillotine ?
▶ Quand a-t-elle été utilisée pour la dernière fois ?
▶ Quelle est la date de l'abolition de la peine de mort en France ?

Production **orale**

DELF 1 Faites une recherche sur la peine de mort dans un pays de votre choix. Puis présentez à l'oral votre exposé.

CHAPITRE **4**

Un terrible chantage

Tu me racontes cette histoire du marquis de Saint-Cyr...
— C'est très simple. Armand, le frère de Margot, a aimé Angèle, la fille de cet homme. Malheureusement, les Saint-Just ne sont pas d'origine aristocratique et le marquis a refusé le mariage entre Armand et sa fille. Tu imagines ? Évidemment, elle déteste cet homme, mais elle ne l'a pas dénoncé. Seulement, un jour, Margot a parlé à ses amis révolutionnaires de ce marquis détestable : il entretient une correspondance secrète avec un pays ennemi de la France révolutionnaire, l'Autriche. Les amis de Margot ont dénoncé le marquis au Tribunal. Toute la famille Saint-Cyr est passée à la guillotine pour une étourderie de Marguerite.

LE MOURON Rouge

Quelques jours plus tard, le *Day Dream* est de retour à Douvres avec des nouvelles de son adorable frère : pour l'amour d'elle, il sera prudent... Rassurée, elle se rend à l'opéra le soir même en compagnie de son mari. Margot adore la musique et c'est avec un plaisir intense qu'elle écoute de sa loge l'opéra de Gluck. Au troisième acte, quelqu'un frappe discrètement à sa porte :

« Entrez ! » dit-elle sans même se retourner.

« Citoyenne, je dois vous parler ! »

Elle regarde alors l'homme qui vient d'entrer. Il se tient debout dans l'ombre de la loge pour ne pas être aperçu des autres spectateurs. Mais oui ! Elle le reconnaît : c'est Chauvelin, l'espion du Tribunal révolutionnaire :

« Que faites-vous ici à Londres, cher ami ? Vous servez la France, pas l'Angleterre... » lui dit-elle.

« J'ai dû attendre la sortie de votre mari pour pouvoir vous parler entre quatre yeux. Nous avons peu de temps, alors écoutez-moi. Votre frère Saint-Just est en danger ! »

« Je ne vous crois pas. C'est encore un complot imaginaire... Que voulez-vous, Chauvelin ? »

« J'ai besoin de votre aide, la France a besoin de vous pour découvrir cette espèce de Mouron Rouge. »

« Le sort du Mouron Rouge ne m'intéresse pas. »

« Et le sort de votre frère ? Écoutez, Marguerite, mes espions ont trouvé des papiers qui concernent votre frère. »

« Et alors ? »

« Et alors, chère Marguerite, votre frère fait partie de la ligue du Mouron Rouge. »

« C'est impossible, Armand ne peut pas aider des aristocrates français. Il les déteste. »

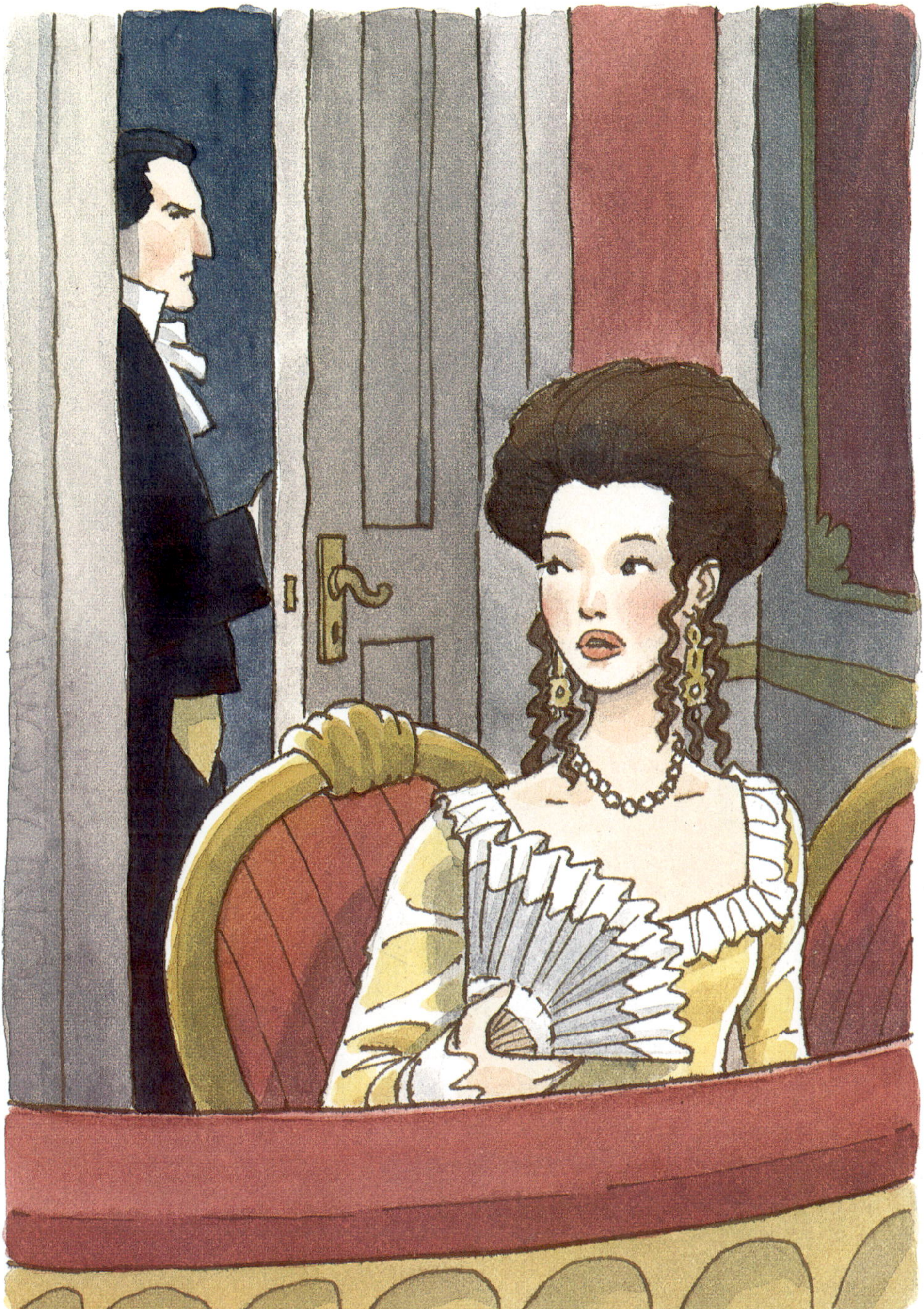

LE MOURON Rouge

« Excusez-moi, mais il ne peut y avoir de doute sur sa complicité avec le Mouron Rouge, et une lettre le prouve. »

« Qu'attendez-vous de moi ? »

« Si vous m'aidez à découvrir l'identité du Mouron Rouge, l'ennemi le plus acharné de la France, je laisse la vie sauve à votre frère. »

— Est-ce qu'elle accepte, papi ?
— A-t-elle le choix, selon toi ? Si elle n'aide pas Chauvelin à découvrir le Mouron Rouge, son frère finira à la guillotine.
— Je pense que je le ferai aussi pour sauver la vie de quelqu'un que j'aime. Je le ferai pour toi par exemple, papi.
— Moi aussi, mon petit...

ACTIVITÉS

Compréhension **orale**

DELF 1 Écoutez l'enregistrement du chapitre et cochez la bonne case.

1. Le marquis refuse le mariage de sa fille avec Armand
   a. ☐ parce qu'il ne l'aime pas.
   b. ☐ parce qu'il est d'origine aristocratique.
   c. ☒ parce qu'il n'est pas d'origine aristocratique.

2. Margot déteste le marquis
   a. ☐ et pour se venger elle l'a dénoncé au Tribunal.
   b. ☐ et pour se venger elle l'a dénoncé à ses amis.
   c. ☒ mais elle ne l'a pas dénoncé.

3. Le *Day Dream* est de retour à Douvres
   a. ☐ quelques mois plus tard.
   b. ☒ quelques jours plus tard.
   c. ☐ quelques heures plus tard.

4. Elle apprend que pour elle, son frère
   a. ☐ sera imprudent.
   b. ☐ retournera très vite.
   c. ☒ sera prudent.

5. Elle va à l'opéra avec son mari
   a. ☒ le soir même.
   b. ☐ le jour même.
   c. ☐ le lendemain soir.

6. Elle reconnaît l'homme qui entre dans sa loge :
   a. ☐ c'est son frère.
   b. ☐ c'est son mari.
   c. ☒ c'est l'espion du Tribunal révolutionnaire.

7. Il lui apprend que son frère fait partie de la ligue :
   a. ☐ c'est un complot imaginaire.
   b. ☒ une lettre prouve sa complicité.
   c. ☐ Chauvelin a tout inventé.

8. Il lui propose un chantage et si elle accepte,
   a. ☒ il laisse la vie sauve à son frère.
   b. ☐ il laisse la vie sauve au Mouron Rouge.
   c. ☐ il laisse la vie sauve à Marguerite.

47

ACTIVITÉS

Compréhension **écrite**

1 Relisez le chapitre puis répondez aux questions suivantes.

1. Quelle est la nouvelle que Chauvelin annonce à Margot ?
   ....
2. Comment réagit Margot face à cette nouvelle ?
   ....
3. Quel est l'argument qui change l'attitude de Margot par rapport au discours de Chauvelin ?
   ....
4. Quelle est la phrase qui marque le changement de son attitude ?
   ....

Grammaire

Les pronoms compléments directs

Le pronom complément direct varie avec les personnes.

Singulier			
1ère pers.		**Me**	Simon **me** regarde.
2e pers.		**Te**	Simon **te** regarde.
3e pers.		**Le** (m.)	Simon **le** regarde.
		La (f.)	Simon **la** regarde.
Pluriel			
1ère pers.		**Nous**	Simon **nous** regarde.
2e pers.		**Vous**	Simon **vous** regarde.
3e pers.		**Les**	Simon **les** regarde.

Attention ! *Me, te, le, la* s'élident devant une *voyelle* ou un *h* **muet**.
Valérie l'aime.

ACTIVITÉS

- Le pronom complément direct évite de répéter un nom complément (personne ou chose).

  Il répond à la question **qui** ? ou **quoi** ?

  Comme elle déteste le marquis, elle dénonce le marquis.
  → *Comme elle déteste* (qui ?) *le marquis, elle **le** dénonce.*

- Le pronom complément direct, à la forme affirmative et négative, se place toujours devant le verbe.

  *Elle déteste le marquis mais elle **ne le** dénonce **pas**.*

1 Relevez dans le chapitre toutes les phrases avec des pronoms compléments directs. Puis, retrouvez le nom qu'ils remplacent.

2 Pour éviter la répétition, remplacez le complément direct souligné par un pronom.

1. Grospierre vérifie tous les tonneaux. Il examine tous les tonneaux avec soin.
   ....

2. Il n'examine pas le chariot. Il laisse passer le chariot.
   ....

3. Sir Blakeney aime Marguerite et il aime toujours Marguerite.
   ....

4. J'achète des croissants tous les matins. Je mange les croissants avec de la confiture.
   ....

5. Il regarde cette émission le dimanche. Il ne regarde pas cette émission un autre jour.
   ....

6. J'ai envie de finir l'exercice. Je finis l'exercice pour être tranquille demain.
   ....

ACTIVITÉS

Enrichissez votre **vocabulaire**

1 Écoutez l'enregistrement et à l'aide de l'encadré ci-dessous, remplacez les pointillés par le mot qui convient.

> nouvelles   déteste   espion   danger   ligue   identité
> ennemi   opéra   frappe   mariage

Le marquis de Saint-Cyr a refusé le 1 ...mariage... de sa fille avec Armand car il n'est pas d'origine aristocratique. C'est pour cette raison que Margot le 2 ...déteste... . Pourtant, elle ne le dénonce pas, même s'il entretient une correspondance avec un pays 3 ...ennemi... de la France révolutionnaire.

Quelques jours plus tard, on lui donne des 4 ...nouvelles... de son frère. Elle est rassurée de savoir que tout va bien et se rend le soir même à l'5 ...opéra... .

Tout à coup, quelqu'un 6 ...frappe... à sa porte. Elle reconnaît l'7 ...espion... du Tribunal révolutionnaire. Il lui annonce que son frère est en 8 ...danger... . Ses espions ont trouvé une lettre qui prouve sa complicité avec la 9 ...ligue... du Mouron Rouge. Si elle aide Chauvelin à découvrir l'10 ...identité... du Mouron Rouge, il laisse la vie sauve à son frère.

Production écrite

1 Margot adore la musique, et vous ? Aimez-vous la musique ? Si non, expliquez pourquoi. Si oui, quel genre de musique écoutez-vous ? Jouez-vous d'un instrument ? Si oui, lequel ?

CHAPITRE 5

LE BAL DE
SIR GRENVILLE

Mais au fait, que pense Margot du Mouron Rouge ?
— Ah, il en fait tourner des têtes, cet homme... Surtout quand tu penses à cette belle femme intelligente avec ce stupide Sir Blakeney. Le Mouron Rouge, en revanche, inspire une imagination romanesque, sa personnalité, sa force, son courage, la fidélité de ses hommes qui le servent aveuglément et puis son anonymat, qui lui ajoute cette gloire chevaleresque... Bref, oui, Margot pense que si elle le rencontre sur son chemin, elle peut succomber à ses charmes...

— En plus, elle pense que son mari ne l'aime plus. Mais comment va-t-elle faire pour découvrir le Mouron Rouge ?

— Voilà la suite. Chauvelin lui demande de se rendre le soir

LE MOURON Rouge

même au bal que donne un certain Lord Grenville. Il sait par ses espions que ce maudit Anglais, comme il le nomme, doit se rendre à la soirée. Il doit y rencontrer deux de ses hommes :

« Je vous demande d'être attentive ce soir. Vous devez particulièrement observer Sir Andrew Foulkes et Lord Antony Dewhurst. On vient de découvrir qu'ils font partie de la ligue. Ils doivent rencontrer leur chef, ce maudit Anglais, ce soir car ils préparent l'évasion du mari de la comtesse de Tournay. Je crois que la comtesse vous apprécie, n'est-ce pas ? »

« Je ne suis pas d'humeur à supporter votre humour, Chauvelin. Je vous demande donc d'être le plus bref possible. »

« Je n'ai rien à ajouter. Ah si ! Évidemment, je serai moi aussi au bal ce soir. »

« Et si ce soir pour une raison ou pour une autre je me trouve dans l'impossibilité de vous aider ? »

« Alors, ce sera terrible pour Armand Saint-Just. »

« Si je vous aide, vous me rendrez la lettre qui prouve la complicité de mon frère avec le Mouron Rouge ? »

« Oui » dit-il avec un sourire ironique, « je vous la rendrai, je vous le promets. »

— Mais pourquoi Chauvelin s'acharne contre le Mouron Rouge ?

— Eh bien, il a de la haine contre cet homme qui avec de l'argent et une audace exaspérante réussit à sauver des centaines d'aristocrates français. Il a juré à ses collègues du Tribunal qu'il découvrira l'identité de cet homme. Il rêve de voir ce maudit Anglais perdre la tête sous le couperet de la guillotine.

C'est donc le couteau sous la gorge que Margot, en compagnie de son mari Sir Percy Blakeney, se rend le soir au bal de Lord

chapitre 5

Grenville. Marguerite regarde le monde autour d'elle et tente d'imaginer qui, parmi les hommes présents, peut être ce héros romanesque, ce sauveur de têtes. Tout à coup, elle aperçoit Lord Hastings, un ami de son mari, glisser un papier dans la main de Sir Andrew Foulkes. Elle décide de suivre Foulkes. Elle doit absolument voir ce qu'il y a sur ce papier. Margot est persuadée qu'il contient un indice sur l'identité du Mouron Rouge et donc la promesse de la vie sauve pour son frère.

— Mais pour le lire, elle doit prendre le papier des mains de Foulkes...

— En effet. Et Margot, n'oublions pas, est une femme très intelligente. Elle s'approche fébrilement de Sir Andrew et fait semblant de s'évanouir. Ce gentilhomme tente de la rattraper et dans sa hâte laisse tomber le papier à terre.

— Il vaut mieux laisser tomber le papier que Lady Blakeney !

— Dans un certain sens tu as raison. Sans être vue, Margot récupère alors le papier qu'elle serre discrètement dans sa main. Sir Andrew se dirige vers le divan pour y allonger Lady Blakeney. Tandis qu'il pénètre dans la pièce d'à côté, sans doute pour y trouver de l'aide, Margot réussit à lire en quelques secondes les mots inscrits sur le papier et reconnaît la jolie fleur rouge.

> Je partirai moi-même demain pour la France. Si vous désirez encore me parler, je serai dans la salle à manger à une heure précise.

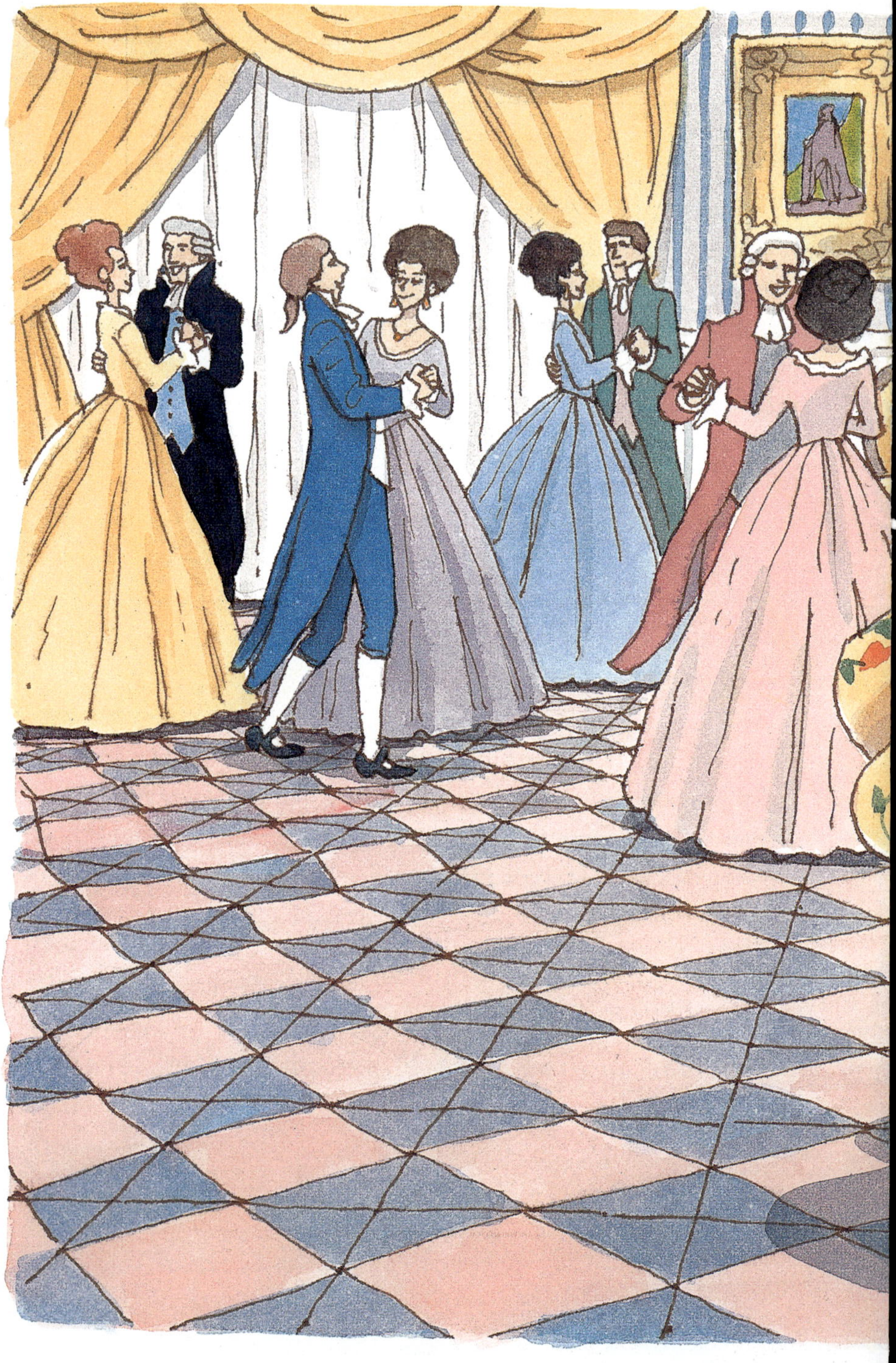

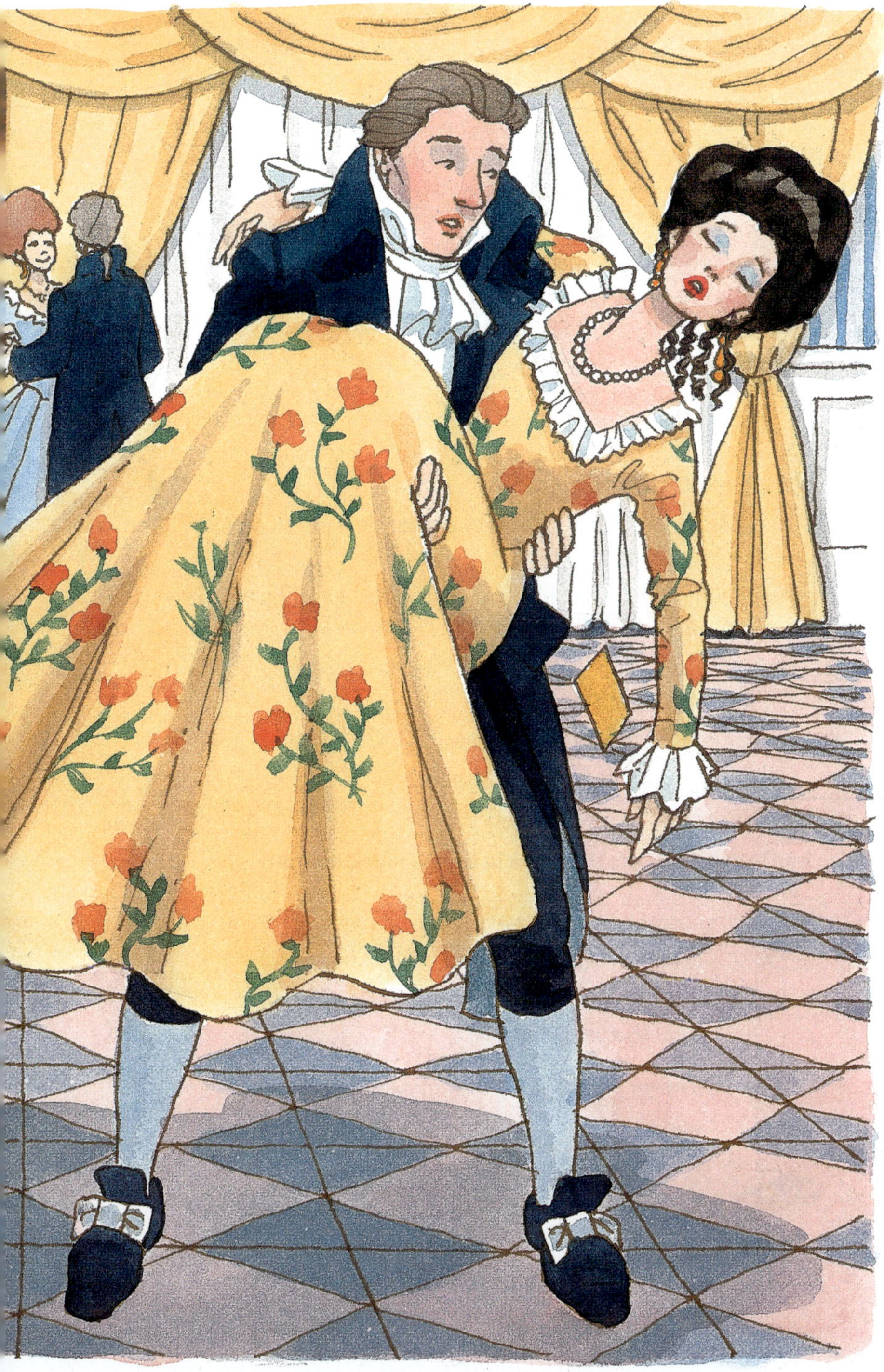

ACTIVITÉS

Compréhension **orale** et **écrite**

DELF 1 Écoutez l'enregistrement du chapitre et dites si les affirmations suivantes sont vraies (V) ou fausses (F).

		V	F
1.	Le Mouron Rouge inspire de l'indifférence.	☐	☒
2.	Si Margot rencontre le Mouron Rouge, elle risque de succomber à ses charmes.	☒	☐
3.	Margot pense que son mari ne l'aime plus.	☒	☐
4.	Chauvelin demande à Margot d'aller le soir à l'opéra.	☐	☒
5.	Ce soir-là, deux hommes de la ligue doivent rencontrer l'espion du Tribunal.	☐	☒
6.	En échange de son aide, Margot demande à Chauvelin de lui rendre la lettre.	☒	☐
7.	Chauvelin s'acharne contre le Mouron Rouge car il sauve des centaines d'aristocrates.	☒	☐
8.	Margot voit quelqu'un glisser un papier à Sir Foulkes et elle décide de s'en aller.	☐	☒
9.	Margot réussit à récupérer le papier et à lire le message.	☒	☐
10.	C'est un message du Mouron Rouge.	☒	☐

2 Cochez la case qui correspond à la bonne signification.

1. Elle peut **succomber** à ses charmes :
   a. ☒ elle peut tomber amoureuse.
   b. ☐ elle peut résister à ses charmes.
   c. ☐ elle peut mourir pour lui.

2. Elle doit **observer** particulièrement Sir Andrew Foulkes :
   a. ☐ elle doit l'écouter avec beaucoup d'attention.
   b. ☒ elle doit le regarder avec beaucoup d'attention.
   c. ☒ elle doit le suivre.

ACTIVITÉS

3. Elle demande à Chauvelin d'être **bref** :
   a. ☐ elle lui demande de prendre son temps.
   b. ☐ elle lui demande d'expliquer clairement.
   c. ☒ elle lui demande d'être rapide.

4. Chauvelin **s'acharne** contre le Mouron Rouge :
   a. ☒ il le poursuit sans trêve.
   b. ☐ il le laisse en paix.
   c. ☐ il veut le tuer.

5. C'est **le couteau sous la gorge** que Margot se rend au bal :
   a. ☐ elle va au bal avec plaisir.
   b. ☒ elle va au bal contrainte par la menace.
   c. ☐ elle va au bal la lame d'un couteau sous la gorge.

6. Il **glisse** un papier dans la main de Foulkes :
   a. ☐ il lui donne publiquement un papier.
   b. ☐ il lui donne brutalement un papier.
   c. ☒ il lui donne discrètement un papier.

7. Le papier contient un **indice** sur l'identité du Mouron Rouge :
   a. ☒ le papier contient une indication permettant de découvrir son identité.
   b. ☐ le papier contient la promesse de la vie sauve pour son frère.
   c. ☐ le papier ne contient rien d'intéressant.

8. Dans sa **hâte**, il laisse tomber le papier :
   a. ☐ il a agi après réflexion.
   b. ☒ il a agi avec précipitation.
   c. ☐ il a agi avec lenteur.

ACTIVITÉS

Enrichissez votre **vocabulaire**

1 Retrouvez les mots qui correspondent aux dessins suivants.

1. **C** le couperet de la guillotine
2. **d** un couteau de cuisine
3. **b** un morceau de papier
4. **a** un divan

Production **écrite**

DELF **1** Exprimez votre opinion. Margot vous écrit une lettre pour vous demander un conseil sur la proposition de Chauvelin. Vous lui répondez en donnant votre avis sur la question.

> Chère Amie / Cher Ami,
> J'ai confiance en toi. C'est pourquoi je te demande un conseil. Cette lettre doit rester secrète, nos vies en dépendent… Voilà, pour sauver la vie de mon frère Armand, on me demande de trouver l'identité du Mouron Rouge. Je pense que je dois accepter. Qu'est-ce que tu en penses ?
>
> Marguerite Saint-Just

L'exécution de Louis XVI, le 21 janvier 1793.

un coup d'État [1] le 9 novembre 1799 (le 18 Brumaire). Cet événement marque la fin de la Révolution française.

Napoléon Bonaparte fonde le Premier Empire en 1804 et reste au pouvoir jusqu'en 1815. Il se couronne lui-même empereur.

Compréhension **écrite**

DELF 1 Lisez le dossier et retrouvez la réponse aux questions.

1. ☐ Comment sont considérés les Français sous l'Ancien Régime ?
2. ☐ Qu'est-ce que change le vote du 26 août 1789 par l'Assemblée ?
3. ☐ Que fait le roi dans un régime constitutionnel ?
4. ☐ Que tente de faire le roi pour retrouver ses pouvoirs absolus ?
5. ☐ De quoi est-il soupçonné par les révolutionnaires ?
6. ☐ Quelles en sont les conséquences ?
7. ☐ Que fait l'Europe en 1792 ?
8. ☐ Quand est-ce que se termine la Révolution ?

a. La Révolution française se termine avec le coup d'État de Napoléon Bonaparte le 9 novembre 1799 (le 18 Brumaire).
b. Il est détrôné, condamné à mort puis guillotiné le 21 janvier 1793.
c. Toute l'Europe entre en guerre contre la France.
d. Ils étaient considérés comme des sujets qui n'avaient que des devoirs.
e. Il est soupçonné de trahir la France pour l'empereur.
f. Il demande de l'aide aux souverains étrangers et à son beau-frère, l'empereur d'Autriche.
g. Il reste le chef de l'État mais il ne fait qu'exécuter ce qui est voté à l'Assemblée.
h. Les hommes deviennent égaux en droits sans distinction.

1. **Un coup d'État** : conquête du pouvoir de manière illégale.

2 Complétez la chronologie suivante.

1. 26 août 1789 ....
2. 10 août 1792 ....
3. 20 septembre 1792 ....
4. 21 janvier 1793 ....
5. 9 novembre 1799 ....

3 Classez le vocabulaire suivant en fonction de son contexte.

> L'Ancien Régime   La République   la monarchie absolue
> La Déclaration des droits de l'homme et du citoyen   les sujets
> un régime constitutionnel   le Premier Empire   les citoyens

Avant la Révolution	Pendant la Révolution	Après la Révolution
L'Ancien Régime, la monarchie absolue, les sujets	le Premier Empire, La Décl...	La République, les citoyens

Production **écrite**

1 À l'aide d'Internet, faites une recherche sur un personnage important pendant la Révolution. Écrivez une petite biographie en 80 mots.

CHAPITRE **6**

La promesse

Que fait-elle ensuite du papier ?
— Elle le dépose exactement à l'endroit où elle l'a trouvé. Puis elle s'allonge sur le divan. Quelques secondes plus tard, Sir Andrew réapparaît, un verre à la main. Lorsque Margot rouvre les yeux et remercie son sauveur, elle s'aperçoit que le papier n'est plus à terre. Foulkes, homme du Mouron Rouge, est certes un gentilhomme, mais il ne doit en aucun cas oublier son devoir envers la ligue.

L'horloge au-dessus de la cheminée sonne minuit. Margot a conscience qu'elle a le pouvoir maintenant de sauver son frère. Mais peut-elle pour autant envoyer le Mouron Rouge à la guillotine ? Elle rencontre le regard de Chauvelin. Celui-ci a compris que Margot a découvert quelque chose. Discrètement, il s'approche de sa proie :

chapitre 6

« J'ai l'impression que vous avez des nouvelles pour moi, n'est-ce pas ? »

« Chauvelin, je le fais seulement pour sauver la vie de mon frère... » Et elle lui répète ce qu'elle a lu sur le papier.

« Bien » dit-il d'un ton satisfait, « il n'y a plus qu'à attendre. »

Un quart d'heure avant le moment fatidique, Chauvelin se rend dans la salle à manger. Seul, le pauvre mari de Margot est allongé sur le divan. Il dort paisiblement, bercé par son propre ronflement régulier. Chauvelin décide d'attendre en suivant l'exemple de Sir Blakeney et s'endort à son tour.

— J'imagine le tableau, et la pauvre Lady Blakeney qui doit être de son côté complètement angoissée.

— En effet. Elle attend avec impatience la découverte de Chauvelin. Elle se sent coupable et elle veut savoir qui est la victime de ce chantage sur la vie. Tout à coup, elle reconnaît Lord Hastings qui sort de la salle à manger. Elle se précipite vers lui :

« Qui avez-vous vu dans la salle à manger, mon ami ? »

« Euh... à part votre mari, ma chère, il y a ce Français qui travaille pour le Tribunal, il dort... »

« Oui, Chauvelin. Et il n'y a personne d'autre ? »

« Non... »

« Vous êtes entré dans la salle à quelle heure ? »

« Pourquoi me posez-vous toutes ces questions ? Je ne sais pas... peut-être une heure cinq... »

— Mais pourquoi est-elle encore si angoissée ?

— Elle pense que si Chauvelin ne découvre pas qui est le Mouron Rouge, son frère n'est pas sauvé. Elle le croise alors qu'elle se dirige vers sa voiture. Son mari, l'air endormi, la suit quelques mètres derrière.

65

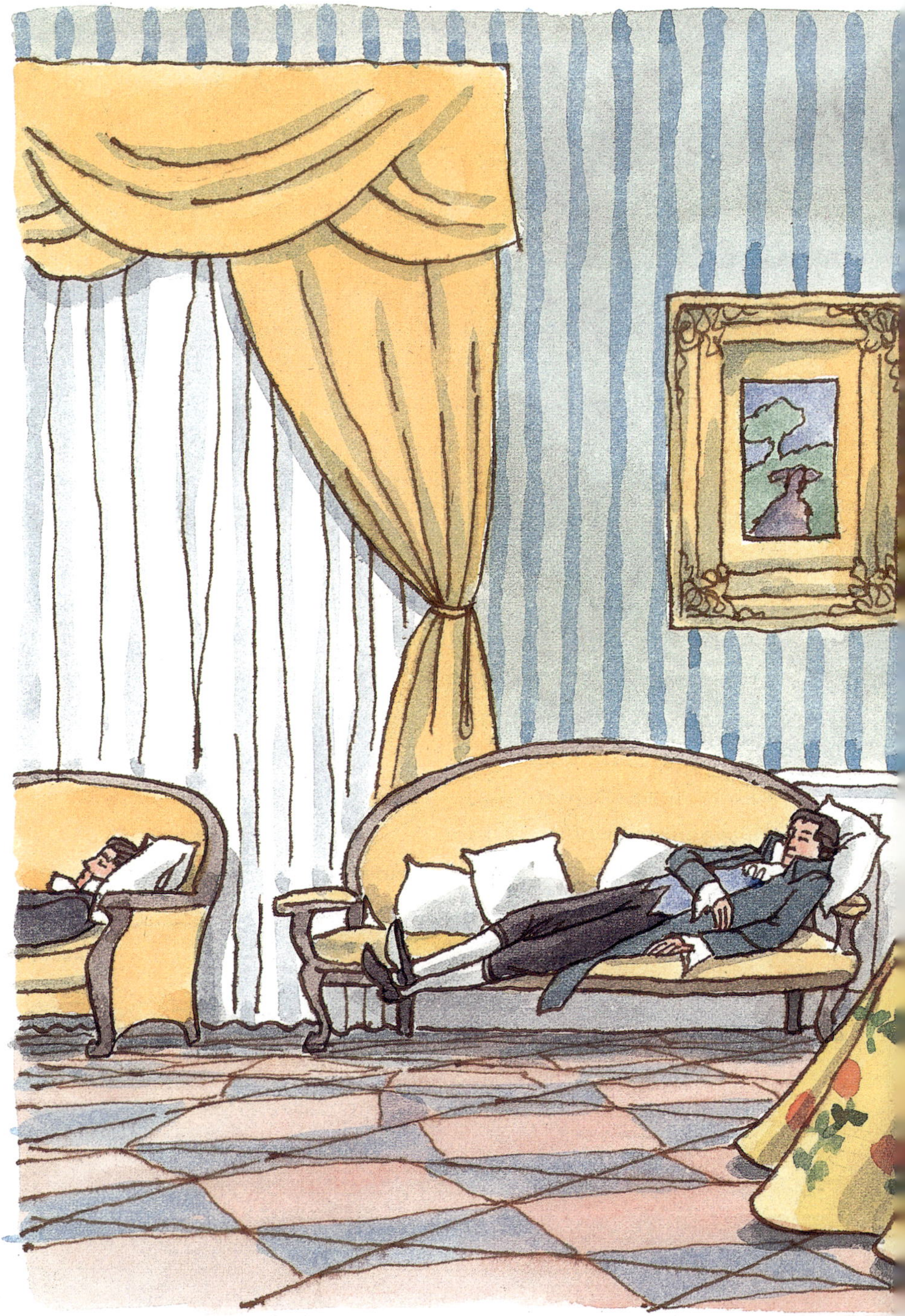

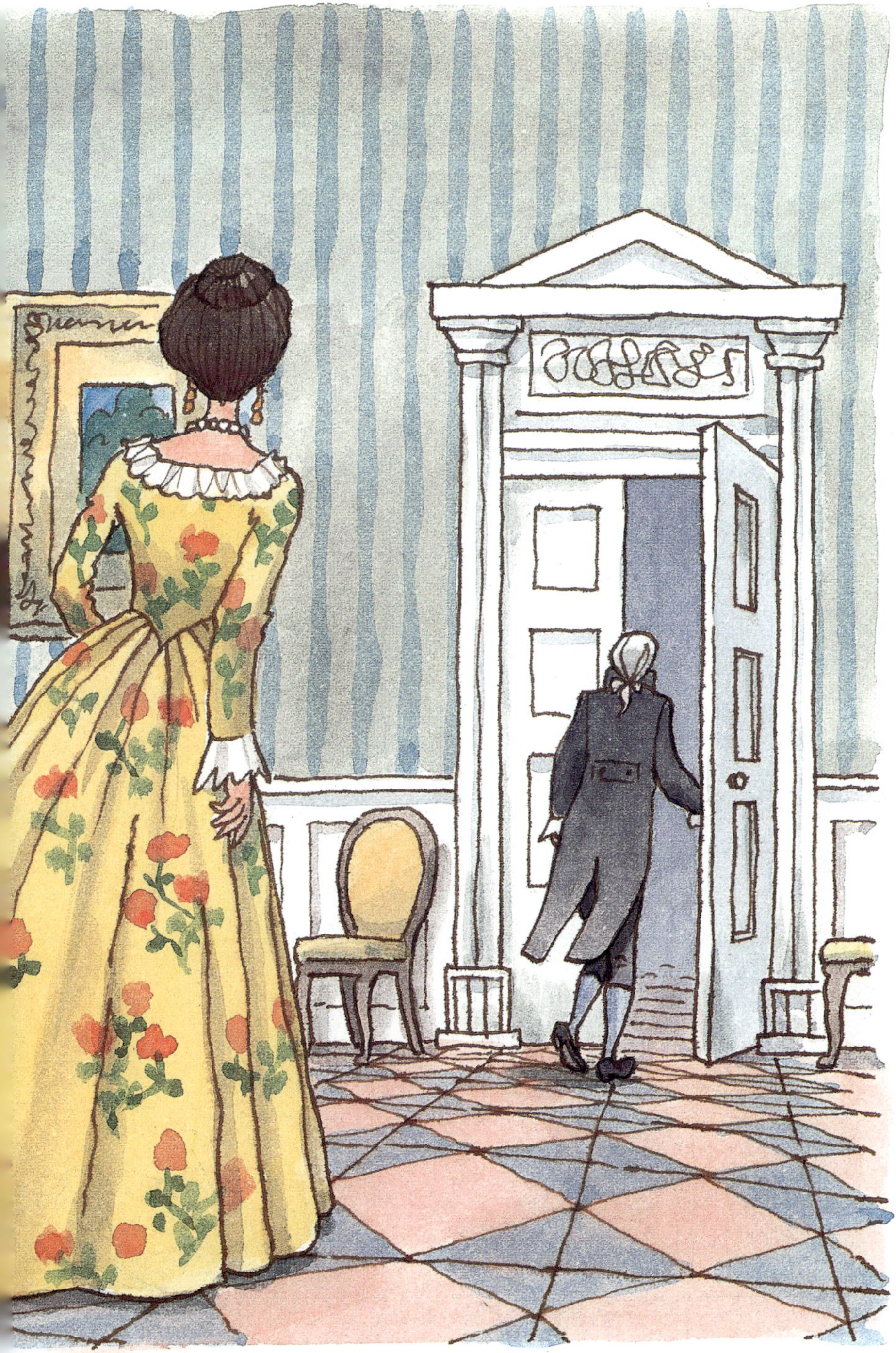

LE MOURON Rouge

« Chauvelin, j'ai besoin de savoir ce qui s'est passé. »

« Rien, ma chère. Personne n'est venu dans la salle. »

« Mais alors nous avons échoué ? »

« Peut-être... peut-être... »

« Cessez de me torturer... et pour Armand ? »

« Sa vie ne tient qu'à un fil. Il suffit d'attendre le départ du Mouron Rouge, comme il le dit dans son message... :

Je partirai moi-même demain pour la France.

Ah ! Ah ! Ah ! Adieu, Lady Blakeney... »

— Il ne va pas tenir sa promesse ?

— Tu vas voir. Attends la suite. Les chevaux lancés au grand galop, Lady Blakeney et son mari se dirigent vers la sortie de Londres. Margot ressent le besoin de se confier.

— Ça se comprend : elle a la vie de deux hommes entre ses mains !

— Malgré l'air absent et passif de son mari, Margot sait qu'il est la seule personne à qui elle peut parler.

ACTIVITÉS

Compréhension **écrite** et **orale**

DELF 1 Lisez une première fois les questions suivantes. Puis écoutez l'enregistrement du chapitre et répondez aux questions.

1. Qu'est-ce que Margot remarque après avoir remercié son sauveur ?
   ....
2. Qu'est-ce qu'un homme du Mouron Rouge ne doit jamais oublier ?
   ....
3. Margot a conscience de quelque chose. De quoi s'agit-il ?
   ....
4. Comment réagit Chauvelin à la lecture du papier ?
   ....
5. Que fait Chauvelin un quart d'heure avant le moment fatidique ?
   ....
6. Pourquoi Margot est-elle si angoissée ?
   ....
7. Qui sont les personnes que Lord Hastings a vues dans la salle à manger ?
   ....
8. Que se passe-t-il si Chauvelin ne découvre pas qui est le Mouron Rouge ?
   ....
9. Pourquoi Margot ressent-elle le besoin de se confier ?
   ....

DELF 2 Les sentiments de Margot, de Sir Blakeney et de Chauvelin. Quels sont les adjectifs qui caractérisent le mieux les sentiments des personnages dans ce chapitre ? Cochez les bonnes cases.

1. Margot est
   a. ☐ satisfaite.
   b. ☐ angoissée.
   c. ☐ impatiente.
   d. ☐ coupable.
   e. ☐ soutenue.

2. Chauvelin est
   a. ☐ énervé.
   b. ☐ satisfait.
   c. ☐ stupide.
   d. ☐ impatient.
   e. ☐ mystérieux.

3. Sir Blakeney est
   a. ☐ dynamique.
   b. ☐ froid.
   c. ☐ endormi.
   d. ☐ absent.
   e. ☐ rassurant.

ACTIVITÉS

Enrichissez votre **vocabulaire**

1 Retrouvez dans le chapitre les mots qui correspondent aux dessins suivants.

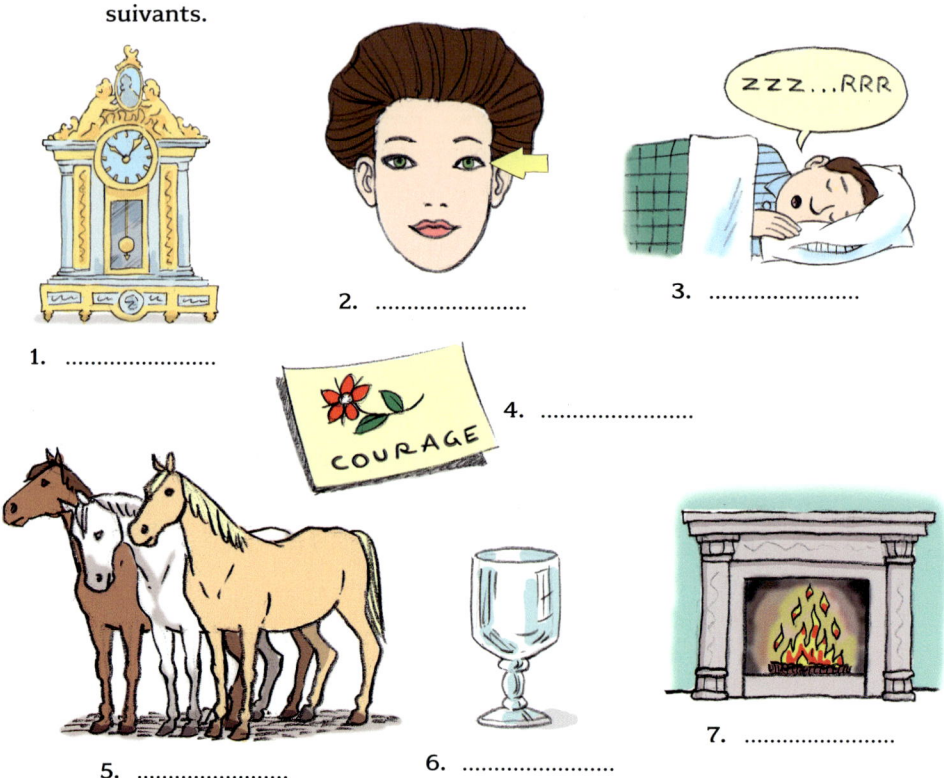

1. ....
2. ....
3. ....
4. ....
5. ....
6. ....
7. ....

2 Reliez les deux colonnes pour retrouver les expressions qui se trouvent dans le chapitre. Puis, faites des phrases avec chacune des expressions ainsi formées.

1. ☐ attendre
2. ☐ se sentir
3. ☐ sauver
4. ☐ avoir
5. ☐ tenir

a. l'air endormi
b. une promesse
c. la vie de quelqu'un
d. coupable
e. avec impatience

A C T I V I T É S

1. ....
2. ....
3. ....
4. ....
5. ....

Grammaire

Les pronoms compléments indirects

Le pronom complément indirect varie avec les personnes.

Me	Nicole **me** demande quelque chose.
Te	Nicole **te** demande quelque chose.
Lui (m. et f.)	Nicole **lui** demande quelque chose.
Nous	Nicole **nous** demande quelque chose.
Vous	Nicole **vous** demande quelque chose.
Leur (m. et f.)	Nicole **leur** demande quelque chose.

Attention ! *Me* et *te* s'élident devant une *voyelle* ou un *h* muet.

- Le pronom complément indirect remplace des noms de personnes précédés de la préposition **à**.
  Il répond à la question **à qui** ?

  Elle donne le papier (à qui ?) *à Foulkes.* → *Elle **lui** donne le papier.*

- Le pronom complément indirect, à la forme affirmative et négative, se place toujours devant le verbe.

  Elle ne donne pas le papier à Foulkes. → *Elle ne **lui** donne pas le papier.*

Comparez les pronoms compléments directs et indirects. Que remarquez-vous ?
Et dans votre langue, comment appelez-vous les pronoms compléments directs et indirects ?

ACTIVITÉS

1 Relevez dans le chapitre les phrases qui contiennent des pronoms compléments directs et indirects. Puis indiquez ce qu'ils remplacent.

2 Soulignez dans les phrases suivantes les compléments indirects. Puis, remplacez-les par des pronoms compléments indirects.

1. Elle demande à son frère de rester en France.
   ....
2. Il ne dit pas à Margot qu'il est en danger.
   ....
3. Elle ne répète pas à ses amis ce qu'elle a entendu.
   ....
4. Tu donnes le papier au Mouron Rouge.
   ....
5. Ce papier appartient à Sir Andrew Foulkes.
   ....
6. Ils posent des questions aux amis de Margot.
   ....
7. Elle confie un secret à son mari.
   ....
8. Nous parlons de Margot aux hommes de la ligue.
   ....
9. Est-ce qu'il donne les informations à sa femme ?
   ....
10. Tu ne lis pas le message aux espions.
    ....
11. Elle chante une chanson à son frère.
    ....

3 Faites des phrases en utilisant les pronoms complément indirects suivants : *me, te, nous, vous*.

CHAPITRE **7**

LE SECRET DU MOURON ROUGE

A rrivés chez eux, Margot décide donc de confier son histoire à son mari. Elle se rend compte qu'elle l'aime encore et qu'elle a besoin de lui.

— Mais que peut-elle attendre d'un être stupide ?

— Justement : est-il aussi stupide qu'il en a l'air ? Au moment même où Margot lui confie le malheur dans lequel se trouve son frère, elle est agréablement surprise par la réaction de son mari. Il semble extrêmement touché par cette nouvelle. Il tente de la rassurer et elle sent dans chacun des mots qu'il prononce une intelligence inhabituelle. Elle semble découvrir cet homme pour la première fois. Margot finit par se demander qui est son mari : l'homme stupide ou l'homme sensible et intelligent ? Est-ce bien la même personne ?

LE MOURON Rouge

« Margot » lui dit-il, « je vous donne ma parole que votre frère sera sauvé. »

Sur cette belle phrase, Margot, confiante, va dans sa chambre. C'est en pensant à son frère et à son mari, cet homme qu'elle vient de découvrir, qu'elle s'endort tranquillement.

Au milieu de la nuit, Margot entend des bruits étranges. Puis, tout à coup, de nouveau, le silence. La nuit est éclairée par un rayon de lune. Margot se lève tout doucement et s'aperçoit que quelqu'un a glissé une enveloppe sous sa porte.

— Mais qui peut bien lui écrire en pleine nuit ?

— Tu n'as pas encore compris ? Elle ouvre l'enveloppe dans laquelle se trouve une lettre. Elle lit :

> Chère Marguerite, je dois partir pour le Nord mais je serai de retour mercredi.
>
> Votre Serviteur
> Percy Blakeney

— Pourquoi dans le Nord ?

— N'oublie pas que Sir Blakeney est un homme infiniment riche. Ils ont un château dans cette région. De temps en temps, Sir Blakeney se rend sur ses propriétés. Cependant, Margot reste étonnée de ce départ précipité en pleine nuit. De plus, habituellement ils partent ensemble.

« Il n'est pas parti pour le Nord, c'est sûr ! Il sait qu'Armand est en danger et il m'a promis de le sauver... »

Margot veut savoir pourquoi son mari lui a menti. Une étrange curiosité envahit son esprit. D'un seul coup, elle est

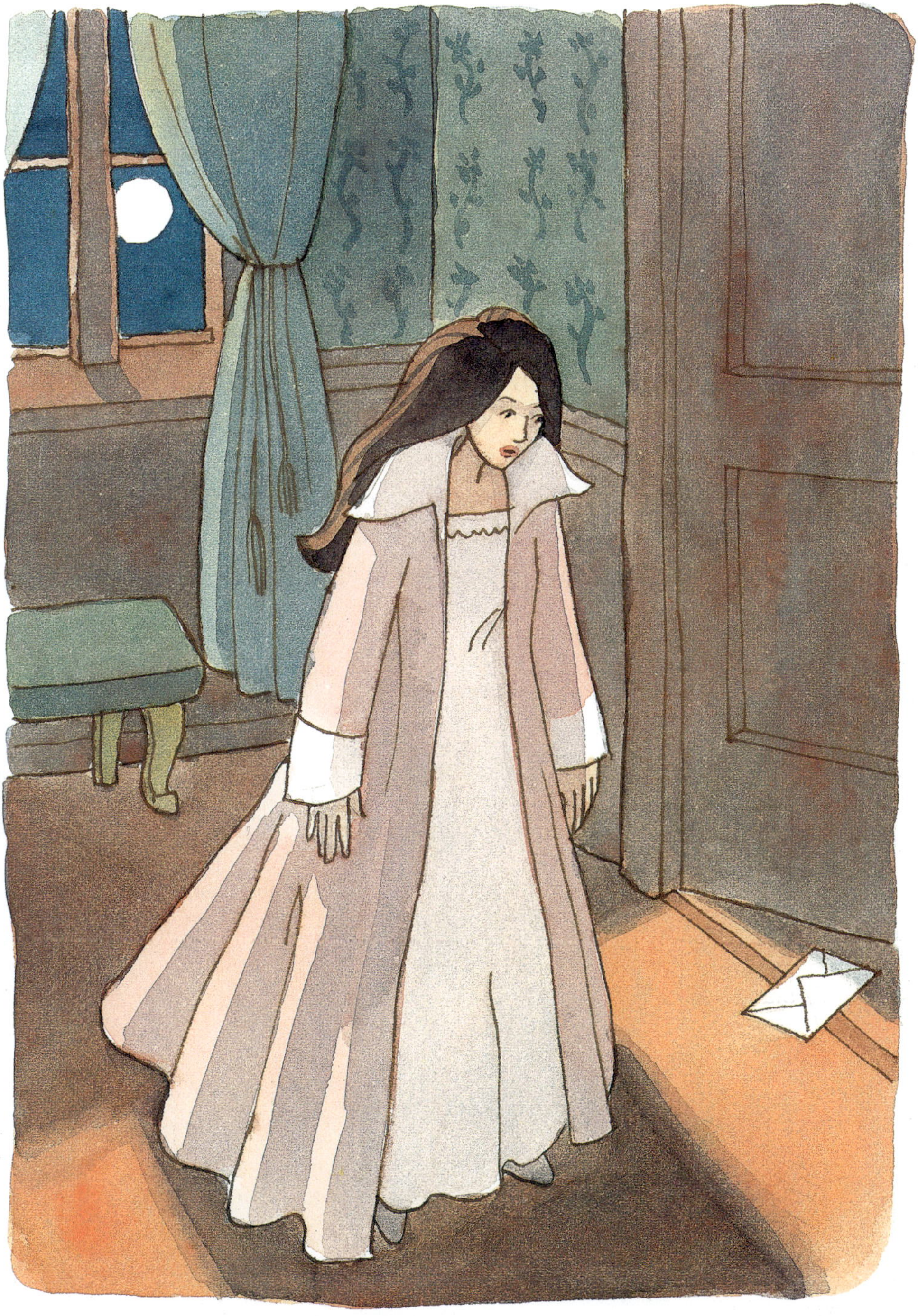

LE MOURON Rouge

persuadée que la réponse à toutes ses questions se trouve dans le bureau de Sir Blakeney. C'est un endroit toujours fermé et personne n'a le droit d'y pénétrer. Margot pense que la clé du bureau se trouve dans la chambre de son mari. Elle ouvre tout doucement la porte de la chambre de Sir Percy avec l'impression de violer un lieu sacré. Elle découvre un trousseau [1] de clés dans le tiroir de la commode…

— Elle n'a plus qu'à essayer…

— C'est ce qu'elle veut faire. Mais au moment où elle s'apprête à sortir de la chambre, son pied heurte un petit objet. Margot se baisse pour le ramasser. C'est une chevalière [2] en or. Il y a quelque chose de gravé dessus… quelle surprise !!!

— C'est la petite fleur en forme d'étoile, l'emblème du Mouron Rouge…

— … eh oui …

— Sir Blakeney est le Mouron Rouge ? Mais ce n'est pas possible !

— Margot aussi est surprise. Elle n'en croit pas ses yeux. Son mari joue mieux la comédie qu'elle ! Tu te rappelles qu'au début de l'histoire…

— Oui, oui je sais : elle était actrice à la Comédie-Française…

---

1. **Un trousseau** : plusieurs clés attachées ensemble.
2. **Une chevalière** :

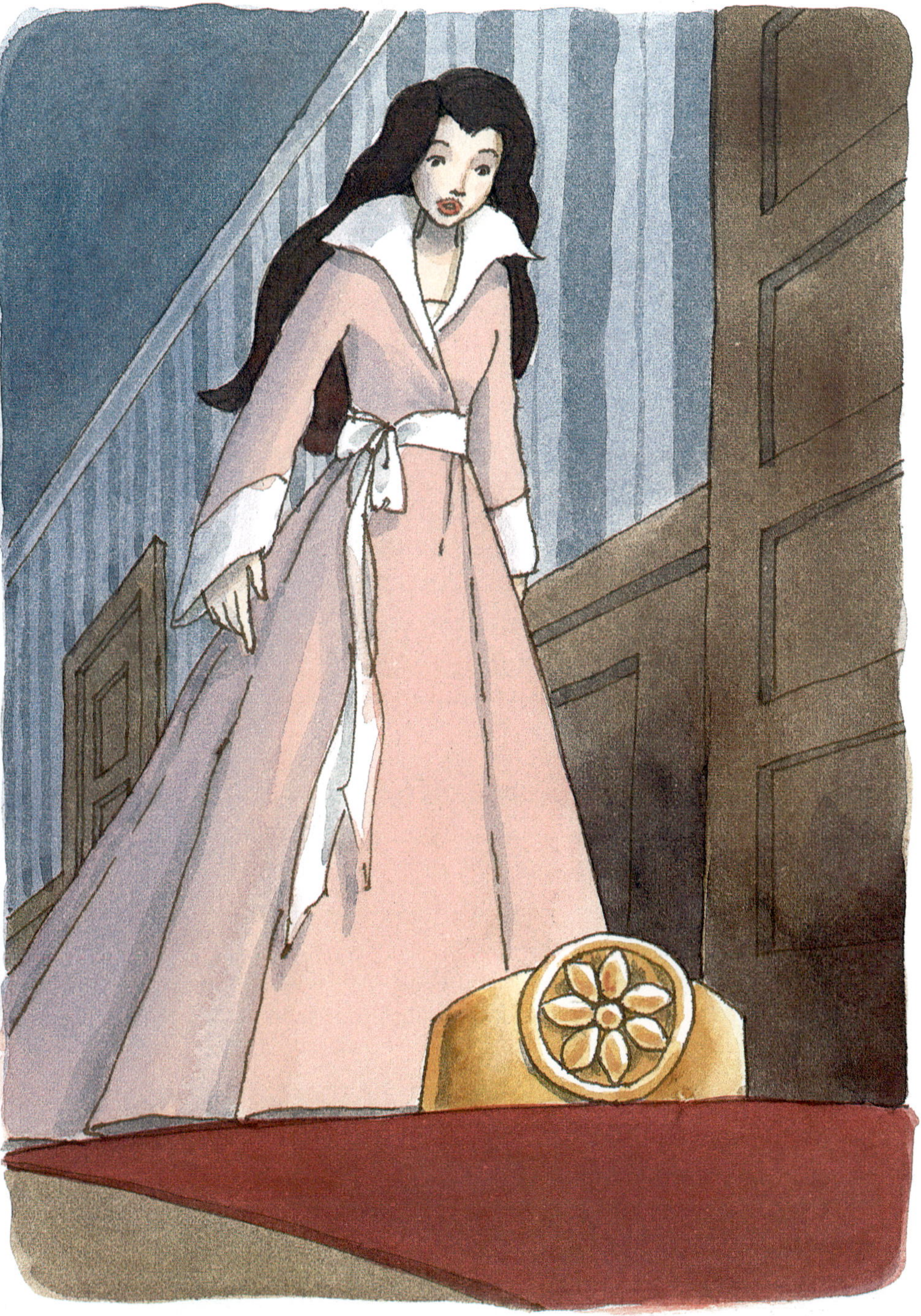

ACTIVITÉS

Compréhension **écrite** et **orale**

DELF **1** Écoutez l'enregistrement du chapitre puis dites si les affirmations suivantes sont vraies (V) ou fausses (F). Puis, corrigez les phrases fausses.

		V	F
1.	Margot décide de confier son histoire à son ami.	☒	☐
2.	Elle est désagréablement surprise par la réaction de son mari.	☐	☐
3.	Elle a l'impression de découvrir cet homme pour la première fois.	☐	☐
4.	Il lui donne sa parole que son frère sera sauvé.	☐	☐
5.	Cette nuit-là, son sommeil est très agité.	☐	☒
6.	Pendant la nuit, quelqu'un a glissé une enveloppe sous sa porte.	☐	☐
7.	Elle jette l'enveloppe sans lire la lettre.	☐	☒
8.	C'est son mari qui lui a écrit.	☐	☐
9.	Elle pense qu'il lui a menti.	☐	☐
10.	Elle va immédiatement vérifier dans le bureau de son mari.	☐	☐
11.	Elle trouve une chevalière dans la chambre.	☐	☒
12.	Elle découvre l'identité du Mouron Rouge.	☒	☐

78

ACTIVITÉS

DELF 2 Relisez le chapitre et remettez les phrases en ordre.

a. ☐ Elle découvre alors que son mari est le Mouron Rouge : il joue mieux la comédie qu'elle !
b. ☐ Elle pense qu'il lui a menti.
c. ☐ Il lui dit que son frère sera sauvé et lui donne sa parole.
d. ☐ Elle est agréablement surprise par sa réaction car il semble très touché.
e. ☐ Ils ont un château dans cette région.
f. ☐ Au milieu de la nuit, Margot entend des bruits étranges.
g. ☐ Elle l'ouvre et lit la lettre.
h. ☐ Son mari lui annonce qu'il est parti pour le Nord.
i. ☐ Margot va dans la chambre de son mari pour trouver les clés de son bureau.
j. ☐ Elle se rend compte qu'il n'est pas aussi stupide qu'il en a l'air.
k. ☐ Margot confie son histoire à son mari.
l. ☐ Elle aperçoit une enveloppe sous la porte.

Enrichissez votre **vocabulaire**

1 Relisez le chapitre et trouvez la fin des phrases suivantes.

1. Une personne qui ne semble pas intelligente, on dit qu'elle a l'air ....
2. Quand on promet quelque chose à quelqu'un, on donne sa ....
3. Quand on fait quelque chose en silence, on le fait sans faire de ....
4. Quelqu'un qui n'a pas dit la vérité, on dit qu'il a ....
5. Quand quelqu'un fait semblant d'être quelqu'un d'autre, on dit qu'il joue la ....

ACTIVITÉS

2 Retrouvez les mots qui correspondent aux dessins.

1. [E] une chevalière en or
2. [B] un trousseau de clés
3. [D] le tiroir et la commode
4. [C] le bureau
5. [F] la lune
6. [H] l'enveloppe
7. [G] la lettre
8. [A] un château

3 À la découverte de la Comédie-Française.

A Écoutez l'enregistrement de ce document sur le début de l'histoire de la Comédie-Française et complétez le texte à l'aide des mots qui suivent.

> ~~costume~~   concurrence   ~~mise en scène~~   ~~comédiens italiens~~
> troupes   Comédie-Française   jouer   ~~comédies~~
> ~~théâtre~~   pension   succès   ~~auteurs~~   décor   drame
> ~~Théâtre de la Nation~~   comédiens   Molière   ~~représentations~~

Après avoir centralisé la France, Louis XIV décide de centraliser le 1. théâtre aussi. Il ordonne aux deux dernières 2. troupes

80

ACTIVITÉS

de 3. *Comédie* français (la troupe de 4. *Comédiens* avec celle de Guénégaud) établis dans Paris, de 5. *jouer* ensemble. En 1680, une lettre de cachet, signée à Versailles, confirme la fondation d'une troupe unique, officielle et royale, la 6. *Comédie fr.* Cette troupe est composée de 27 comédiens et comédiennes choisis par le roi pour leur excellence dans le but de « rendre les 7. *représentations* des 8. *Comédies* plus parfaites. »

En 1682, le roi accorde aux comédiens français une 9. *function* et leur donne de nombreux avantages. Mais en même temps, ils dépendent dorénavant des caprices du roi. En 1689, la troupe s'installe rue des Fossés-Saint-Germain, elle obtient un grand 10. *succès*. En 1715, après la mort de Louis XIV, il y a un retour au luxe et au plaisir et les 11. *comédiens ??* font 12. *............* au succès des comédiens français. Les deux 13. *auteurs* qui vont dominer le XVIIIᵉ siècle, sont Marivaux et Voltaire. Au cours du XVIIIᵉ siècle les comédiens s'affirment, la 14. *mise en scène*, le 15. *décor*, le 16. *costume* évoluent. Des genres nouveaux font leur apparition : la comédie larmoyante, puis le 17. *drame* bourgeois, issu des idées de Diderot. Beaumarchais annonce en 1784, avec sa comédie *Le Mariage de Figaro*, les idées de l'esprit révolutionnaire. À la suite des événements politiques de 1789, la Comédie-Française prend le nom de « 18. *Théâtre de la Nation* ».

B Donnez la définition des mots suivants.

1. Une troupe de théâtre : *un groupe de comédiens*
2. Jouer (un rôle dans une pièce) : *agir dans un spectacle*
3. Une comédie : *un heureux ??*
4. Un drame : *un malheureux ?*
5. Un comédien — une comédienne : ....
6. Une représentation : *un type de spectacle*
7. Un auteur : *un écrivain*
8. Le costume : *les vêtements que les comédiens portent*

81

ACTIVITÉS

C Répondez aux questions suivantes.

1. Quel est le sujet de ce document ? ....
2. Dans quelle ville sommes-nous ? ....
3. À quelle époque sommes-nous ? ....
4. Qu'est-ce qu'annonce la comédie de Beaumarchais ? ....
5. Que se passe-t-il en 1789 ? ....

▶▶▶ PROJET **INTERNET** ◀◀◀

À l'aide d'un moteur de recherche, connectez-vous au site officiel de la Comédie-Française et répondez aux questions.

▶ Qu'est-ce que la comédie larmoyante ?
▶ Qu'est-ce que le drame bourgeois ?
▶ Quels sont les droits que la Révolution accorde aux gens de théâtre ?
▶ Qu'est-ce qui est supprimé en même temps ?
▶ Qu'est-ce qui se passe en 1793 pour les comédiens du Théâtre de la Nation ?
▶ Quand est-ce que la nouvelle Comédie-Française ouvre-t-elle ses portes ?
▶ Qui est le nouveau protecteur de la Comédie-Française ?

Production orale

1 Présentez la suite de l'histoire de la Comédie-Française sous la Révolution.

DELF **2** Présentez un auteur de théâtre parmi ceux que vous trouvez sur le site de la Comédie-Française.

CHAPITRE **8**

MARGOT PASSE À L'ACTION

D'un seul coup, Margot pense à Chauvelin et à son frère...

— Oh, non ! Quelle situation horrible. Elle a donné son mari pour sauver son frère...

— Et oui, Margot sent le désespoir l'envahir : elle a aidé Chauvelin à découvrir l'identité de ce héros qui n'est autre que son mari. Et elle risque de perdre les deux hommes qu'elle aime... Elle doit à tout prix faire quelque chose, elle réfléchit et repense à la fin du message qu'elle a lu le soir du bal de Grenville.

Je partirai moi-même demain pour la France.

Chauvelin avait des soupçons et il n'a rien dit à Margot le soir

LE MOURON *Rouge*

du bal. C'est sûr qu'il va tendre un piège au Mouron Rouge. Elle a encore le temps d'intervenir. Margot fait préparer ses valises pour se rendre à Douvres puis à Calais. Elle sait que c'est le port français où tous les bateaux anglais accostent [1]. C'est aussi le lieu de sa dernière chance, le seul endroit où elle peut sauver le Mouron Rouge. Car après Calais, quelle route peut-il prendre pour aller à Paris ? Et à Paris, comment peut-elle le retrouver ?

— Margot veut sauver le Mouron Rouge ! Les rôles se renversent.

— Oui, mais c'est elle qui l'a trahi. Elle a permis à Chauvelin de l'identifier.

— Ah oui, c'est vrai.

— Calais est aussi l'endroit le plus facile pour Chauvelin pour tendre un piège au Mouron Rouge. Margot doit arriver avant lui pour sauver son mari. Elle doit faire très vite, le plus vite possible.

Voilà donc Margot partie en direction de Douvres, où elle prend un bateau pour se rendre à Calais. La traversée de la Manche n'est pas de tout repos, le vent n'a cessé de souffler. Certes, le bateau est allé plus vite, mais la mer agitée a rendu le voyage difficile. C'est donc avec soulagement que Margot pose le pied sur la terre ferme à Calais. La Révolution est partout dans la rue : tous les hommes portent le bonnet rouge [2] avec la cocarde tricolore. Margot se rend au *Chat Gris*, l'auberge où descendent tous les aristocrates anglais lorsqu'ils arrivent à Calais. Elle pense qu'avec un peu de chance elle pourra y trouver son mari. L'auberge non plus n'a pas été oubliée par les révolutionnaires car on peut lire, sur les murs de la salle à manger, des mots tracés à la craie [3] : Liberté, Égalité, Fraternité.

1. **Accoster** : être à quai.
2. **Le bonnet rouge** :
3. **Une craie** : calcaire en forme de crayon pour écrire.

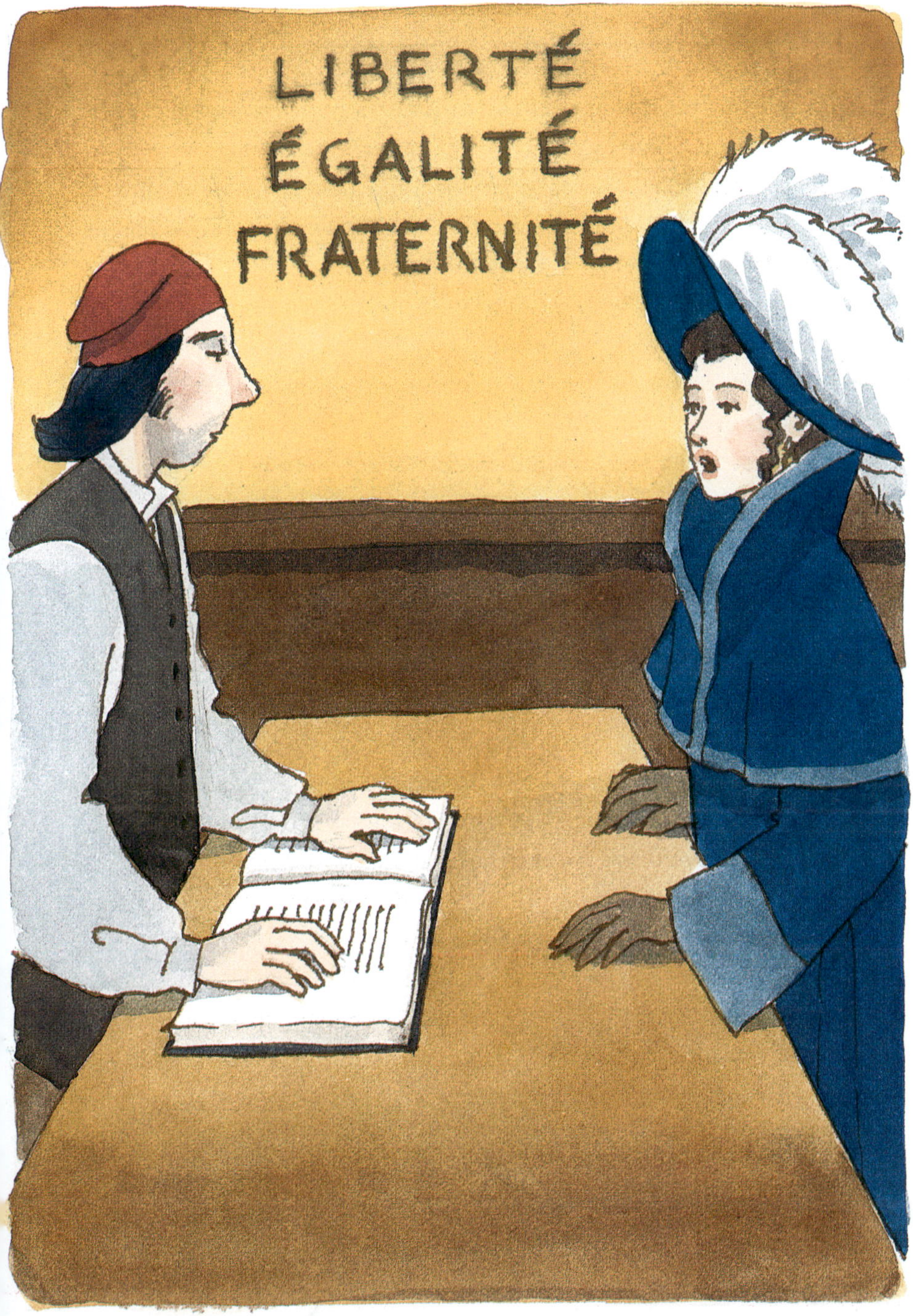
LIBERTÉ
ÉGALITÉ
FRATERNITÉ

LE MOURON Rouge

Après avoir réservé une chambre pour la nuit, Margot demande discrètement à l'aubergiste :

« Monsieur, j'ai un très bon ami qui descend fréquemment dans cet hôtel. Il vient souvent à Calais pour ses affaires ; il est très grand et très élégamment habillé. »

« Un grand Anglais... aujourd'hui...Oui ! » dit-il.

« Vous l'avez vu ? »

« En effet, très élégant ce grand Anglais ! Ah ! Sacré aristo ! Il est parti... »

« C'est sûrement lui » murmure Margot. « Vous dites qu'il est parti ? » demande-t-elle angoissée.

« Oui... mais il va revenir... il a commandé le dîner. »

— Mais alors Chauvelin n'a pas encore réussi à le piéger ?

— Non, Margot est vraiment très heureuse : elle va peut-être le revoir d'un moment à l'autre. Elle se sent aussi soulagée de savoir qu'elle arrive à temps pour sauver son mari.

— Mais, au fait, où est Chauvelin ?

— Chauvelin ? Lui aussi est arrivé à Calais. Il s'est déguisé en curé pour passer inaperçu et cherche le Mouron Rouge.

— Mais, même si elle réussit à prévenir son mari, le Mouron Rouge ne peut pas abandonner ses plans ?

— Quels plans ?

— Mais enfin, papi, c'est toi qui racontes l'histoire ! Le Mouron Rouge est en France pour sauver Armand, le frère de Margot mais aussi le comte de Tournay...

— Euh... oui, en effet, il ne peut manquer à sa parole et ne peut abandonner ceux qui ont confiance en lui. Où en suis-je ? Ah ! Oui...

86

devoir, falloir

ACTIVITÉS

Compréhension **orale** et **écrite**

DELF 1 Écoutez l'enregistrement du chapitre et répondez aux questions suivantes.

1. Pourquoi la situation est-elle horrible ?
   Parce que Margot doit sauver deux hommes

2. Qu'est-ce que Margot décide de faire ?
   Elle décide de va à Calais

3. Pourquoi va-t-elle à Calais ?
   Parce qu'elle sait que Chauvelin tends un piège

4. Comment voit-on que « la Révolution est partout dans la rue » ?
   Parce que tous les gens portent la cocarde et le bonnet rouge pour son mari.

5. Que font les aristocrates lorsqu'ils arrivent à Calais ?
   Ils descendent ....

6. Que peut-on lire sur les murs de la salle à manger de l'auberge ?
   On peut lire ....

7. Comment l'aubergiste décrit-il Sir Blakeney ?
   Il dit qu'il ....

8. Pourquoi Margot est-elle très heureuse ?
   Parce qu'elle ....

9. Le Mouron Rouge peut-il abandonner ses plans ?
   Non, car il ....

2 Retrouvez la signification des expressions suivantes. Cochez la bonne case.

Piéger
Sie
Chantage

1. Elle a **donné** son mari :
   a. ☐ elle l'a aidé.
   b. ☐ elle l'a caché.
   c. ☒ elle l'a trahi.

2. Elle **sent le désespoir l'envahir** :
   a. ☐ elle est vraiment heureuse.
   b. ☒ elle est vraiment désespérée.
   c. ☐ elle est un peu désespérée.

ACTIVITÉS

3. Elle doit **à tout prix** faire quelque chose :
   - a. ☒ elle doit absolument agir.
   - b. ☐ elle doit prendre le temps de penser.
   - c. ☐ elle ne doit pas agir.

4. Chauvelin avait des **soupçons** :
   - a. ☒ il avait peut-être deviné.
   - b. ☐ il était sûr.
   - c. ☐ il ne doutait pas.

5. La traversée **n'est pas de tout repos** :
   - a. ☐ la traversée se passe tranquillement.
   - b. ☐ la traversée a été reposante.
   - c. ☒ la traversée a été difficile.

6. Elle a **réservé** une chambre pour la nuit :
   - a. ☐ elle a libéré une chambre.
   - b. ☒ elle a retenu une chambre.
   - c. ☐ elle ne veut pas de chambre.

7. Ils ont **confiance en lui** :
   - a. ☐ ils ne croient pas en lui.
   - b. ☒ ils croient en lui.
   - c. ☐ ils le respectent.

3 Écoutez les enregistrements et répondez aux questions.

1. Qui est-ce ? Sir Blakeney, Chauvelin ou un révolutionnaire ? Écoutez l'enregistrement et dites de qui il s'agit.
   1. *un révolutionnaire*
   2. *Sir Blakeney*
   3. *Chauvelin*

2. Qu'est-ce que c'est ? Le petit-déjeuner, le déjeuner ou le dîner ? Écoutez l'enregistrement et indiquez de quel repas il s'agit.
   1. *le déjeuner*
   2. *le dîner*
   3. *le petit-déjeuner*

ACTIVITÉS

Enrichissez votre **vocabulaire**

1 Sur les murs de la salle à manger, on peut lire : Liberté, Égalité, Fraternité. Cochez la bonne réponse.

1. ☐ C'est un slogan publicitaire.
2. ☐ C'est la devise de l'Ancien Régime.
3. ☒ C'est la devise de la République Française.

Production **écrite**

DELF 1 Le voyage de Margot ne s'est pas très bien passé : « Le vent n'a cessé de souffler et la mer agitée a rendu le voyage difficile ». Racontez à votre tour un voyage rendu difficile pour des raisons météorologiques (80 mots).

DELF 2 Margot vous envoie un message dans lequel elle vous donne rendez-vous à l'auberge du *Chat Gris*.

> J'ai besoin de ton aide. C'est urgent et important. Peux-tu venir me rejoindre à l'auberge du Chat Gris à sept heures ce soir ? Je t'attends avec impatience.
> Margot

Vous avez deux possibilités :

1. Malheureusement, vous ne pouvez pas vous rendre au rendez-vous. Vous écrivez pour vous excuser.
2. Vous voulez absolument aider Margot. Vous écrivez pour confirmer votre arrivée imminente.

CHAPITRE **9**

LE PIÈGE SE REFERME

14 Tu te souviens de la lettre qui prouve la complicité du frère de Margot avec le Mouron Rouge ?
— Oui, la lettre que Chauvelin a promis de rendre à Margot ?
— Oui, eh bien, en plus du fait qu'Armand fait partie de la ligue du Mouron Rouge, il y a aussi écrit le nom et le lieu de la cachette où le Mouron Rouge doit retrouver Armand, d'autres hommes de la ligue et le comte de Tournay.
— Quel est le nom et le lieu de cette cachette ?
— La cabane du père Blanchard, qui se trouve juste à côté de Calais. Écoute bien la suite. Margot, rassurée de savoir que d'une minute à l'autre elle va retrouver son mari et pouvoir le sauver, s'installe dans un fauteuil près de la cheminée. Son fauteuil tourne le dos à la porte d'entrée de l'auberge, si bien qu'elle ne

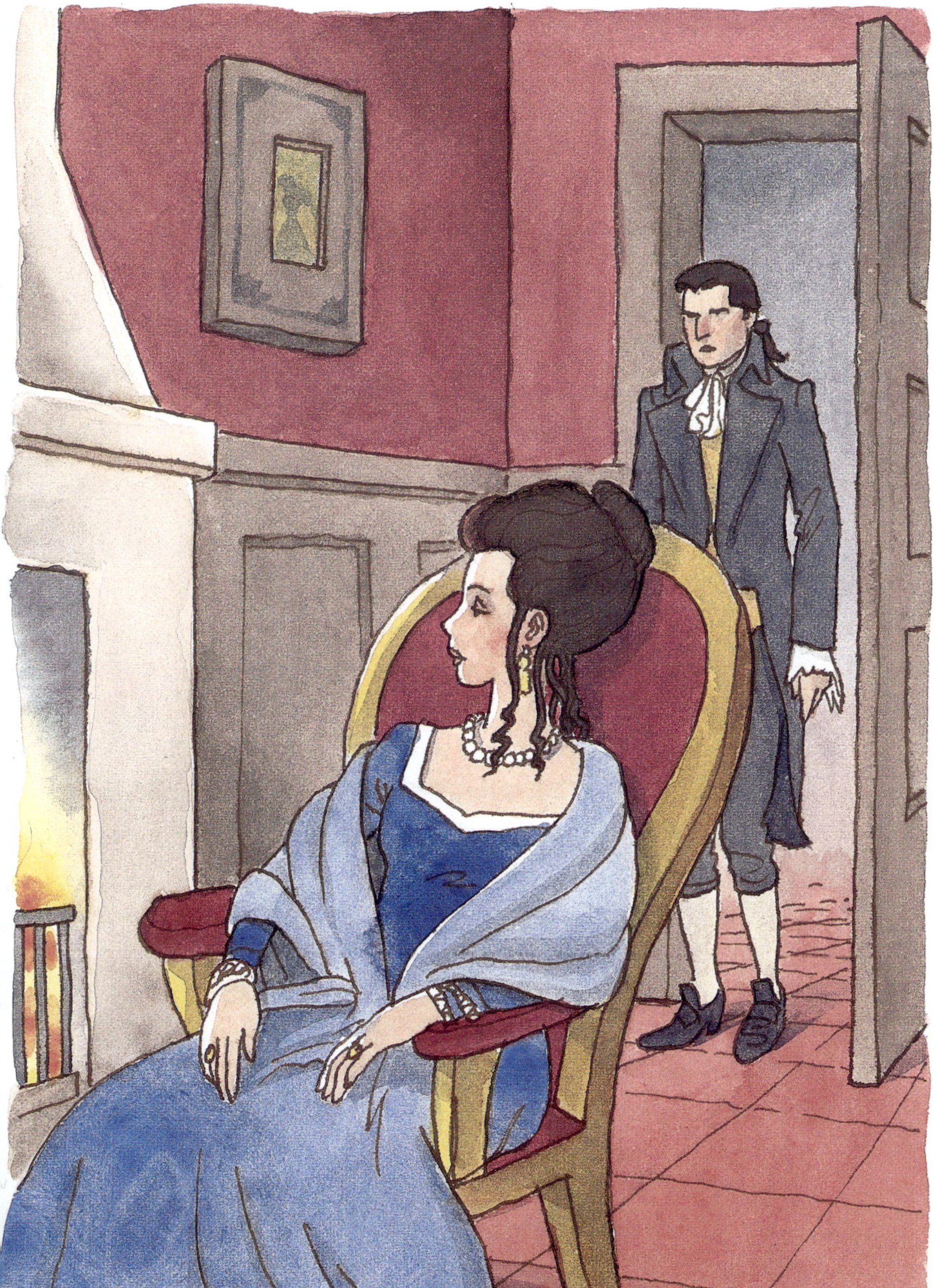

LE MOURON Rouge

peut voir les personnes entrer. Le silence règne dans l'auberge et Margot commence à s'assoupir, réchauffée et bercée [1] par le crépitement du feu. Elle est dans un demi-sommeil quand elle reconnaît une voix à la table placée juste derrière elle.

— C'est la voix de son mari...

— Et non ! Malheureusement, c'est la voix de l'ennemi mortel du Mouron Rouge : Chauvelin. Pétrifiée, Margot ne bouge pas. Elle ne doit surtout pas se faire voir et se contente d'écouter la conversation à voix basse de Chauvelin avec son homme de confiance, Desgas :

« Quelles sont les nouvelles ? » demande Chauvelin.

« Nous avons exécuté tous vos ordres : j'ai placé mes soldats autour de la cabane du père Blanchard. Ils ont vu des personnes pénétrer dans la cabane. Nous sommes sûrs que ce sont les hommes de la ligue du Mouron Rouge avec Armand et le comte de Tournay. »

« Et des nouvelles du Mouron Rouge ? »

« Il ne passera pas ici à l'auberge. Vous l'attendez inutilement. Mes hommes ont entendu dire qu'il doit arriver d'une minute à l'autre à la cabane. »

« Ce n'est pas possible ! Bon, vite allons-y ! Je ne veux pas le manquer, ce maudit Anglais ! »

« Un homme avec une charrette nous attend dehors. Il connaît très bien la route et nous assure qu'il peut nous mener à la cabane en cinq minutes. C'est grâce à lui qu'on sait que le Mouron Rouge se dirige vers la cabane. »

« Comment est-ce possible ? »

« C'est facile : son frère fait le même métier que lui. Il a loué

---

1. **Bercée** : ici, calmée.

chapitre 9

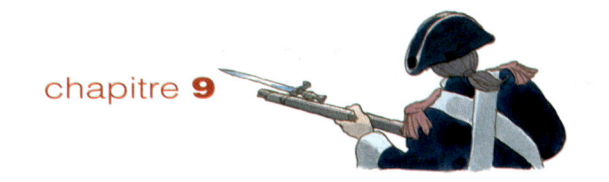

une charrette il y a un quart d'heure à un homme qui répond exactement à la description du Mouron Rouge. »

« Parfait. Ne perdons plus de temps, allons-y ! »

Et ils se précipitent dehors. Margot n'a pas perdu une seule parole de leur conversation. Aussi à peine ont-ils franchi le pas de la porte de l'auberge que Margot se lance à leur poursuite. Elle désire se rendre elle aussi à la cabane pour prévenir son mari. Elle croit qu'elle peut encore faire quelque chose. Margot court à perdre haleine [1]. Elle ne veut pas perdre une seconde et n'a même pas l'idée de louer un cheval ou une charrette. Elle court en pensant à une seule chose : prévenir le Mouron Rouge.

— Mais elle réussit à suivre la charrette avec Chauvelin ?

— Tu sais, Margot est motivée : il s'agit de la vie de son mari. Et puis la charrette ne va pas très vite car la route est en mauvais état. Bref, seule dans la nuit, Margot se jette à corps perdu : réussira-t-elle à accomplir la dernière étape de son pénible voyage ?

1. **Courir à perdre haleine** : courir si vite qu'on manque de souffle.

ACTIVITÉS

Compréhension **orale** et **écrite**

DELF 1 Écoutez l'enregistrement du chapitre puis cochez les bonnes réponses. Attention ! Dans certains cas, il y a plusieurs réponses possibles.

1. La lettre indique aussi
   - a. ☐ la date, le nom et le lieu de la cachette.
   - b. ☐ la date et le nom de la cachette.
   - c. ☒ le nom et le lieu de la cachette.
2. À la cachette, le Mouron Rouge doit retrouver
   - a. ☐ Margot, Armand, des hommes de la ligue et le comte de Tournay.
   - b. ☒ Armand, des hommes de la ligue et le comte de Tournay.
   - c. ☐ Margot, Armand et le comte de Tournay.
3. La cabane du père Blanchard se trouve
   - a. ☒ à côté de Calais.
   - b. ☐ près de Calais.
   - c. ☐ loin de Calais.
4. À demi endormie dans un fauteuil, Margot reconnaît
   - a. ☒ la voix de Chauvelin.
   - b. ☐ la voix de son mari.
   - c. ☐ la voix du Mouron Rouge.
5. Elle écoute la conversation et apprend
   - a. ☒ que son mari ne passera pas à l'auberge.
   - b. ☐ que son mari passera à l'auberge.
   - c. ☒ que son mari se rend à la cabane.
6. Chauvelin et Desgas vont à la cabane et Margot
   - a. ☐ se lance à leur poursuite pour les arrêter.
   - b. ☐ se lance à leur poursuite mais ne réussit pas à les suivre.
   - c. ☐ se lance à leur poursuite pour prévenir son mari.
7. Margot réussit à suivre la charrette car
   - a. ☒ elle est motivée.
   - b. ☒ la charrette ne va pas très vite.
   - c. ☒ elle court très vite.

94

ACTIVITÉS

2 Écoutez le résumé du chapitre et complétez le texte.

La 1. *cabane* se trouve à côté de Calais. Margot est 2. *rassurée* car elle sait que dans très peu de temps elle va retrouver son mari. À l'auberge, assise dans un fauteuil, elle commence à 3. *s'assoupir* réchauffée et bercée par le 4. *crépitement* du feu de la cheminée. Elle se réveille car elle reconnaît la 5. *voix* de l'ennemi mortel de son mari. Sans se faire voir, elle assiste à la 6. *conversation* de Chauvelin avec Desgas. Elle apprend une 7. .... importante : son mari se dirige vers la cabane. Quand ils se 8. *sortent* dehors, Margot se lance à leur poursuite. Margot court à 9. *perdre l'haleine* pour prévenir le Mouron Rouge à temps. Elle doit réussir dans la dernière 10. *étape* de son pénible voyage.

Enrichissez votre **vocabulaire**

1 Retrouvez dans le chapitre les mots qui correspondent aux dessins suivants.

1. *la cabane*

2. ....

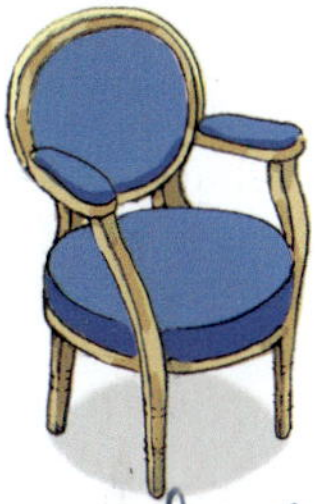

3. ....

4. *un fauteuil*

5. ....

95

A C T I V I T É S

2 À l'aide de l'encadré ci-dessous, complétez les phrases suivantes.

> louer   exécuter des ordres   motivé   le pas de la porte
> tourner le dos   un métier   on se jette à corps perdu

1. *un métier* c'est un travail reconnu par la société qui donne les moyens de subvenir à ses besoins.
2. *louer* ou prendre en location pour un temps déterminé un appartement, une voiture.
3. On est *motivé* quand on a de bonnes raisons pour faire quelque chose.
4. *on se jette à corps perdu* quand on fait quelque chose avec fougue.
5. *le pas de la porte* c'est le seuil ou l'espace qui se trouve devant une porte.
6. *tourner le dos* c'est aussi se présenter de dos et ce n'est pas très correct !
7. Obéir aux ordres ou *exécuter des ordres*, c'est exactement la même chose, on le fait sans discuter !

Grammaire

La localisation dans l'espace
Avec la préposition *de* (*d'* devant voyelle)

Attention !   *de + le = du*   *de + les = des*

Autour de
Les chaises sont **autour de** la table.

Au milieu de
La cabane se trouve **au milieu du** bois.

96

ACTIVITÉS

À côté de/près de
La cabane se trouve **à côté de** Calais.

Loin de
Calais est **loin de** Londres.

En face de
Chauvelin est **en face de** Margot.

Au-dessus de
Au-dessus de la cheminée, il y a un tableau.

Au-dessous de
Ils ont un appartement **au-dessous du** nôtre.

Sans la préposition *de*

Dans
Le livre est **dans** le tiroir.

Sur
La tasse est **sur** la table.

Derrière
Elle reconnaît une voix à la table **derrière** elle.

Sous
Le chat est **sous** la table.

Devant
L'auberge se trouve **devant** la boulangerie.

entre

Avec ou sans préposition *de*

À gauche/à droite
Maintenant, tu dois tourner **à droite**.

L'auberge se trouve **à gauche** de la librairie.

ACTIVITÉS

1 Observez attentivement le dessin et complétez les phrases avec les prépositions correctes.

1. Margot se repose .... un fauteuil .... la salle à manger de l'auberge.
2. Il y a un chien couché .... elle.
3. Un vase avec des fleurs est posé .... la table.
4. .... la table, un chat est en train de faire sa toilette.
5. .... la cheminée, il y a écrit Liberté, Égalité, Fraternité.
6. Il y a quatre chaises .... cette table.

2 À votre tour, faites des phrases en utilisant au moins sept expressions différentes pour situer dans l'espace l'endroit où vous habitez.

CHAPITRE **10**

Sacré Mouron Rouge !

algré sa volonté, Margot commence à être épuisée. Elle se trouve à une centaine de mètres derrière la charrette qui transporte Chauvelin et Desgas. Le chemin longe la mer et les reflets argentés de la lune sur les ondes lui permettent de reconnaître la silhouette du *Day Dream*, le bateau de son mari.

— Ah oui ! celui qu'a pris son frère Armand au début de l'histoire pour se rendre en France ?

— Bravo ! La vue de ce bateau, qui semble attendre son maître, redonne à Margot l'énergie nécessaire pour accomplir sa mission. Enfin, elle aperçoit la lueur [1] d'une cabane. Elle sait que

---

1. **Une lueur** : lumière faible.

LE MOURON Rouge

la seule chose qu'elle doit faire c'est arriver avant Chauvelin. Pour ça elle doit couper par les bois.

— Un dernier effort, Margot !

— Au moment où elle s'apprête donc à emprunter ce nouveau sentier, Margot trébuche [1] et tombe à terre. Elle tente de se relever et voit dans l'ombre un homme qui lui tend la main comme pour l'aider. Elle a juste le temps de reconnaître le visage terrifiant de son ennemi qu'un soldat lui met un bâillon [2] sur la bouche.

« Quelle charmante surprise ! » s'exclame Chauvelin. « Cela me confirme que votre mari ne doit pas être loin ». Margot, les larmes aux yeux, se sent tomber dans un profond désespoir.

« Chère Margot, je vais vous retirer le bâillon... »

— Mais il est fou, elle va crier !

— Tu crois ? Écoute la suite. « Votre frère se trouve dans cette cabane, Margot. Vous savez qu'il peut avoir la vie sauve. Pour cela, il suffit de vous taire. Si vous criez, il sera fusillé avec les autres. Mais comme je désire vous laisser une complète liberté dans votre choix, je retire votre bâillon. »

— Mais il est vraiment infâme, cet homme !

— Il est évident que Margot ne peut accepter de voir mourir son frère devant ses yeux. Pourtant, croyant encore pouvoir sauver la situation, elle se lance vers la maison. Et dans un dernier effort, elle crie de toutes ses forces :

« Armand ! Armand, tirez ! Votre chef est trahi ! Il est près d'ici... il va arriver. »

— Comment réagit Chauvelin ?

1. **Trébucher** : perdre l'équilibre.
2. **Un bâillon** : étoffe qu'on met sur la bouche pour empêcher quelqu'un de crier ou de parler.

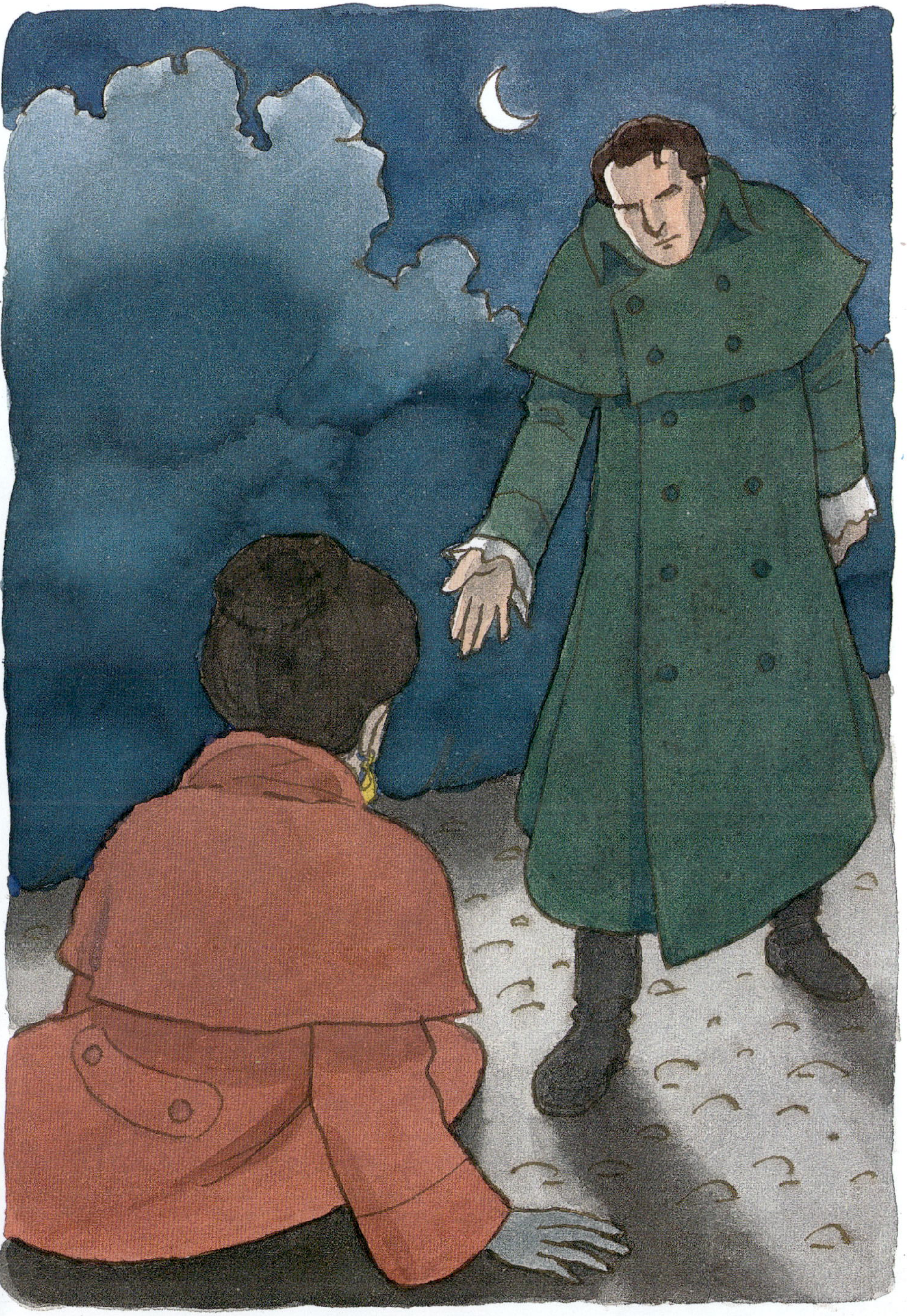

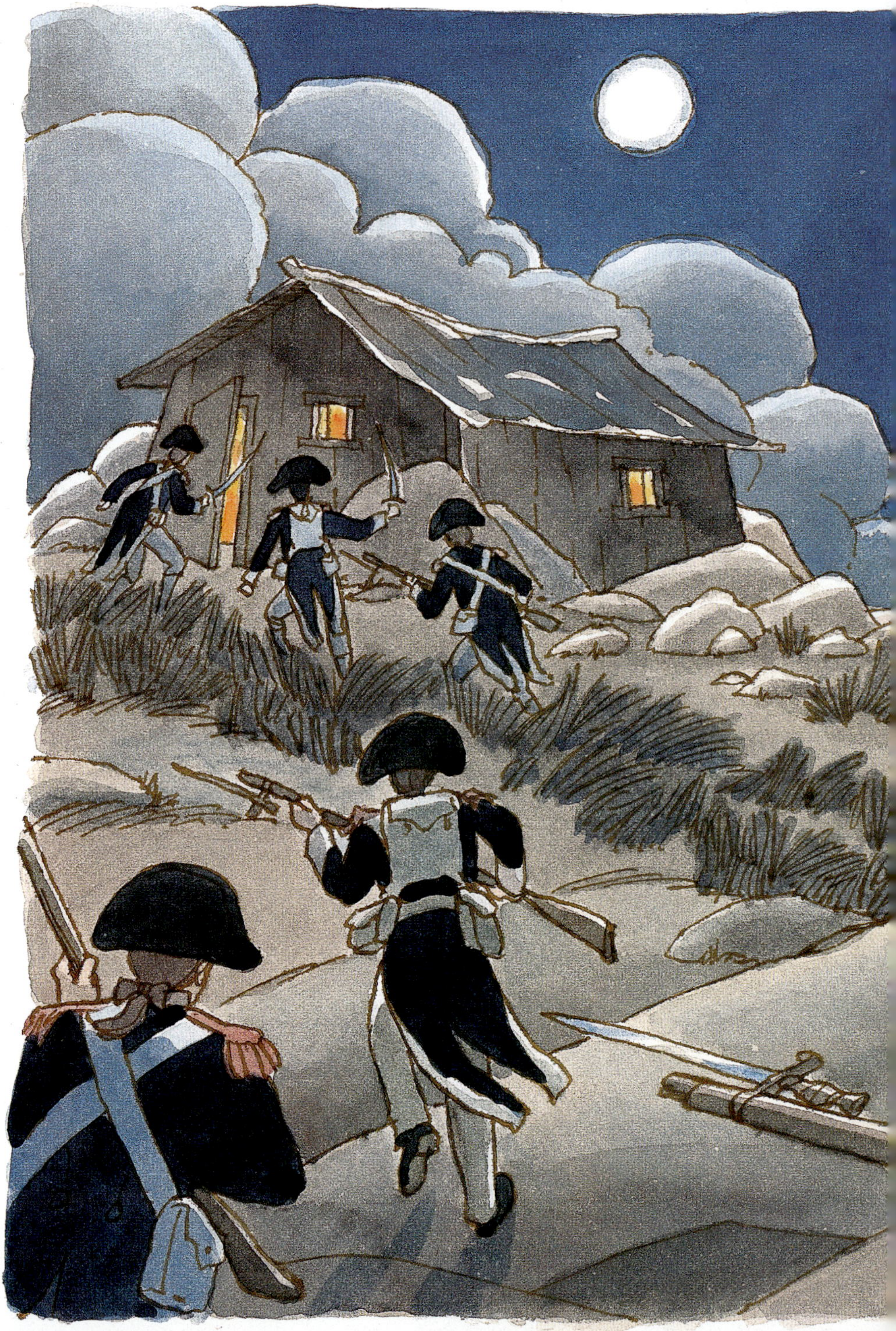

chapitre 10

— Il donne l'ordre aux soldats de saisir la femme et d'entrer dans la cabane. « Ne laissez sortir personne vivant » ajoute-t-il avec fureur.

Les soldats se précipitent vers la cabane, ouvrent la porte et s'arrêtent. Chauvelin, qui s'attend à des coups de feu, hurle à ses hommes :

« Mais qu'attendez-vous pour tirer, bande d'incapables ! »

« La maison est vide » répond un soldat.

LE MOURON Rouge

Fou de rage, Chauvelin, suivi de Desgas, entre dans la maison pour vérifier de ses propres yeux. Puis, s'adressant au sergent :

« Je vous ai dit de ne laisser sortir personne ! »

« Vous nous avez dit d'attendre vos ordres pour agir. Il y a une demi-heure, nous avons vu plusieurs hommes se glisser hors de la cabane mais comme vous ne nous avez rien dit, nous n'avons rien fait. »

Chauvelin est rouge de colère.

« Chef, lui crie Desgas. J'ai trouvé un papier sur la table. » Et le soldat commence à lire à voix haute :

> Je ne peux arriver jusqu'à la cabane sans vous mettre tous en danger. Après avoir lu le billet, glissez-vous les uns après les autres hors de la cabane. Dirigez-vous vers la plage. Un canot vous attend avec un de mes hommes. Il vous mènera au Day Dream. Venez me chercher au port de Calais.

En entendant ces mots, Chauvelin fait regrouper ses soldats et ils se précipitent à Calais. Dans sa hâte, il oublie Margot étendue à terre, évanouie.

— Comment a-t-il fait pour aller à Calais ?

— Il a pris le cheval avec la charrette, après avoir violemment jeté à terre le cocher. Le pauvre homme insiste pour les amener lui-même à Calais :

« Votre Honneur, je connais un chemin... »

« Maudit cocher ! C'est ta lenteur qui a fait échouer mon piège. »

chapitre 10

Et le voilà parti avec tous ses soldats sur la route de Calais.

Le cocher s'approche de Lady Blakeney pour lui porter secours.

« Lady Blakeney ? Réveillez-vous... » murmure-t-il tout doucement à son oreille. Marguerite croit rêver. Le cocher n'est autre que... Sir Blakeney, le Mouron Rouge.

« Margot, Margot, regardez-moi ! » Non, Margot ne rêve pas, c'est bien lui, c'est bien sa voix.

Au son de cette voix, Margot ouvre les yeux, reconnaît son mari et fond en larmes.

LE MOURON Rouge

« Ne dites rien, Margot, je sais tout. Vous êtes une véritable héroïne. Vous avez tout fait pour nous sauver. »

— Comment a-t-il fait pour les prévenir à l'intérieur de la cabane ?

— C'est simple. Quand ils n'ont plus fait attention à lui, il a rampé[1] vers la cabane et a glissé un papier sous la porte. Après avoir lu le message, ils se sont échappés comme on sait.

— Et comment vont-ils faire pour retourner en Angleterre ?

— Essaie d'imaginer. Tu crois vraiment que le *Day Dream* s'est rendu au port de Calais ? La dernière phrase :

« Venez me chercher au port de Calais » est un piège pour Chauvelin…

— Dans lequel il est tombé, aveuglé par sa haine.

— En réalité, le commandant de bord du *Day Dream* avait ordre de ne pas bouger et d'envoyer un canot pour venir les chercher.

— Alors, tout est bien qui finit bien…

— Oh, non, c'est fini pour nous, car nous devons aller nous coucher mais bien d'autres aventures attendent le Mouron Rouge…

---

1. **Ramper** : avancer sur le ventre.

A C T I V I T É S

Compréhension **écrite** et **orale**

DELF 1 Écoutez l'enregistrement du chapitre et remettez en ordre les événements.

a. `7` Un soldat lui met un bâillon sur la bouche.
b. `3` La vue du bateau redonne à Margot de l'énergie.
c. `4` Elle aperçoit la lueur d'une cabane.
d. `5` Pour arriver avant Chauvelin, elle doit couper par les bois.
e. `1` Margot est épuisée de suivre la charrette de Chauvelin.
f. `6` Margot tombe à terre et l'homme qui veut l'aider est Chauvelin.
g. `2` Le chemin est près de la mer et Margot reconnaît le bateau de son mari.

DELF 2 Répondez aux questions.

1. Pourquoi Chauvelin décide-t-il de lui retirer le bâillon ?
   ....
2. Comment réagit Margot ?
   ....
3. Que fait Chauvelin ?
   ....
4. Pourquoi Chauvelin devient-il fou de rage ?
   ....
5. Pourquoi les soldats n'ont rien fait quand ils ont vu des hommes sortir de la cabane ?
   ....
6. Quelle est la dernière possibilité pour Chauvelin d'attraper le Mouron Rouge ?
   ....
7. En réalité, qui est le cocher ?
   ....
8. Quel est le piège que le Mouron Rouge a tendu à Chauvelin ?
   ....

107

ACTIVITÉS

Enrichissez votre **vocabulaire**

1 Retrouvez dans le chapitre les mots qui correspondent aux dessins suivants.

1. le pistolet / un coup de feu
2. une oreille
3. une bouche
4. un bâillon
5. un canot
6. un gentilhomme
7. une plage
8. un espion

ACTIVITÉS

2 Voici plusieurs groupes de mots synonymes. Dans chacun d'eux, un intrus s'est glissé, barrez-le.

1. volonté — détermination — résolution — ~~faiblesse~~
2. épuisé — ~~vigoureux~~ — fatigué — affaibli
3. ~~emprunter~~ — glisser — suivre — longer
4. ~~calme~~ — fureur — rage — colère
5. hurler — crier — ~~murmurer~~ — clamer

3 Retrouvez quelques expressions du chapitre en reliant la colonne A à la colonne B. Puis, faites une phrase avec chaque expression. Attention ! Un mot de la colonne B est utilisé deux fois.

A
porter
jeter
tomber
pousser
faire

B
~~à terre~~
attention
secours
un cri

Grammaire

Les pronoms personnels compléments et l'impératif

À l'impératif affirmatif, le pronom complément d'objet direct et indirect suit le verbe et doit être précédé d'un tiret.
Me et **te** deviennent **moi** et **toi**.

*Regarde-**moi** !*
*Demande-**lui** !*
*Changez-**le** !*

À l'impératif négatif, le pronom complément d'objet direct et indirect se met devant le verbe.

*Ne **te** regarde pas !*
*Ne **lui** demande pas !*
*Ne **vous** changez pas !*

109

ACTIVITÉS

1 Relevez dans le chapitre les phrases avec des pronoms compléments directs et indirects dans les formes étudiées. Dites à chaque fois s'il s'agit d'un pronom direct ou indirect et ce qu'il remplace.

2 Transformez les phrases suivantes à la forme négative.

1. Tends-lui la main !
   — Ne lui tends pas la main
2. Regarde-moi !
   Ne me regarde pas
3. Laissez-les sortir !
   ne les laissez pas sortir
4. Retirez-lui le bâillon !
   — Ne lui retirez pas le bâillon
5. Criez-leur de sortir !
   Ne leur criez pas de sortir
6. Laisse-la faire !
   ne la laisse pas faire
7. Dites-moi de venir !
   Ne me dites pas de venir

Production **écrite**

DELF 1 Vous vous souvenez du billet écrit par le Mouron Rouge à la fin de l'histoire ? Récrivez le billet en imaginant une autre fin à l'histoire.

Production **orale**

DELF 1 Vous jouez le rôle du grand-père et vous cédez à votre petit-fils qui vous demande de raconter le retour des Blakeney en Angleterre.

TEST FINAL

Test final

1 **Répondez aux questions.**

1. Que se passe-t-il pour les aristocrates sous la Révolution ?
2. Comment certains aristocrates réussissent-ils à s'échapper ?
3. Pourquoi la comtesse de Tournay ne veut-elle pas rencontrer Margot ?
4. Quelle est l'ancienne profession de la belle Margot ?
5. Quel est le chantage que Chauvelin propose à Margot ?
6. Quelle est la promesse que fait Chauvelin à Margot ?
7. Que fait Margot pour obtenir le papier que Sir Foulkes tient dans sa main ?
8. De quoi Margot se sent-elle coupable ?
9. Quelle est la promesse que fait Sir Blakeney à sa femme ?
10. Qui est le Mouron Rouge ?
11. Pourquoi Margot est-elle si désespérée en apprenant qui est le Mouron Rouge ?
12. Quel est le piège que Chauvelin a tendu au Mouron Rouge ?
13. Qui est le cocher ?
14. Quel est le piège que le Mouron Rouge a tendu à Chauvelin ?

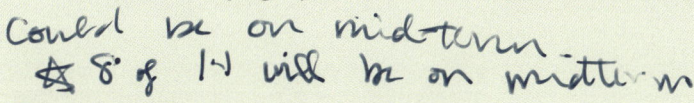

Production écrite et orale

1 Faites une chronologie de la Révolution française à partir du dossier.

2 Dans l'histoire, quel est votre personnage préféré ou quel personnage aimeriez-vous interpréter au théâtre ? Pourquoi ?

DELF **3** Décrivez votre maison.

DELF **4** Faites la description physique et morale d'un(e) ami(e) ou d'un parent.

111